Thomas Schreiber

**Individuelle Hilfeplanung in der Praxis**

Psychiatrie
Verlag

## CD-Inhalt

**Arbeitsmaterial 1:** Gesprächsleitfaden für Hilfeplangespräche

**Arbeitsmaterial 2.1:** Übersichtsbogen zu den Lebensbereichen

**Arbeitsmaterial 2.2:** Wohnen

**Arbeitsmaterial 2.3:** Lernen, Beschäftigung, Arbeit, Ausbildung und Schule

**Arbeitsmaterial 2.4:** Freizeit und Kultur

**Arbeitsmaterial 2.5:** Soziale Beziehungen

**Arbeitsmaterial 2.6:** Gesundheit

**Arbeitsmaterial 2.7:** Skala zur Einschätzung der Leistungsfähigkeit und zum Schweregrad der Probleme

**Arbeitsmaterial 2.8:** Umweltfaktoren

**Arbeitsmaterial 2.9:** Personenbezogene Faktoren

**Arbeitsmaterial 2.10:** Skala zur Einschätzung der Umweltfaktoren als Förderfaktor oder Barriere

**Arbeitsmaterial 3:** Therapeutisches Milieu

**Arbeitsmaterial 4:** Krisenfragebogen

**Arbeitsmaterial 5:** Fragebogen zur persönlichen Geschichte (Anamnesebogen)

**Arbeitsmaterial 6:** Begleitbogen zur Vorstellung von Hilfeplänen in der Hilfeplankonferenz

**Arbeitsmaterial 7:** Fragen zur Zufriedenheit

**Arbeitsmaterial 8:** Begleitbogen zur Vorstellung von fortgeschriebenen Hilfeplänen in der Hilfeplankonferenz

**Arbeitsmaterial 9:** Orientierungshilfe zur Hilfeplanung – Handreichungen für den Menschen mit Hilfebedarf

**Arbeitsmaterial 10:** Orientierungshilfe zur Hilfeplanung – Handreichungen für Angehörige

**Arbeitsmaterial 11:** Orientierungshilfe zur Hilfeplanung – Handreichung für Moderatoren einer Hilfeplankonferenz

**Arbeitsmaterial 12:** Musterhilfeplan des LVR (IHP 3) für Frau Benn

# Vorwort

Das Anliegen dieser Arbeitshilfe ist es, grundlegende Haltungen, Methoden und Wege, wie Menschen mit einer geistigen oder körperlichen Behinderung, mit Psychiatrieerfahrung (psychischer Erkrankung) oder einer Suchterkrankung die Teilhabe am gesellschaftlichen Leben ermöglicht werden kann, praxisorientiert aufzuzeigen. Ihr hauptsächlicher Nutzen sind Arbeitsmaterialien, die aus praktischen Erfahrungen entwickelt wurden. Die Beispiele stammen aus der Hilfeplanung des Landschaftsverbandes Rheinland (LVR), den dort angewandten Verfahren und Formularen. Als Muster dient der seit Sommer 2010 im Rheinland verwendete Hilfeplan IHP 3, der als Arbeitsmaterial 12 auf der beiliegenden CD zu finden ist. Mit diesem Hilfeplan wird der Versuch unternommen, die Hilfeplanung als Teilhabeplanung zu begreifen. In Ergänzung zu seinem Vorgänger, wurden Fragen zu Leistungen andere Kostenträger und zum persönlichen Budget aufgenommen.

Das Konzept des Hilfeplans ist der ICF der Weltgesundheitsorganisation (WHO) angelehnt. Die ICF heißt übersetzt »Internationale Klassifikation der Funktionsfähigkeit, Behinderung und Gesundheit«. An der Erstellung haben weltweit Experten unterschiedliche Faktoren zusammenzutragen, die für Integration und Teilhabe der Menschen mit Behinderung am gesellschaftlichen Leben bedeutsam sind. Der Kriterienkatalog ist in besonderer Weise für die Umsetzung der individuellen Hilfeplanung hilfreich. Über den IHP 3 des LVR hinaus wird er zunehmende Relevanz in den Bereichen Gesundheit und Soziales erfahren. In der Arbeitshilfe wurden daher wesentliche Elemente der ICF entnommen und als Arbeitsmaterial zur Verfügung gestellt.

Das Hauptaugenmerk liegt auf dem Nutzen der Hilfeplanung zum selbstständigen Wohnen in der Gemeinde. Dafür dienen uns fünf Menschen als Beispiel, die in einem Wohnheim oder in einer eigenen Wohnung leben.

Die Arbeitshilfe richtet sich an alle, die an der Umsetzung individueller Hilfeplanung beteiligt sind: die Menschen mit Hilfebedarf, ihre Angehörigen, Freunde und Nachbarn, Mitarbeiter der Einrichtungen und Dienste, die Hilfen anbieten und der Kostenträger.

Die Aufgabe der Hilfeplanung ist es, den Menschen mit seinen Fähigkeiten und seinem Hilfebedarf in den Mittelpunkt zu stellen, in dem Bewusstsein, dass die Qualität von Hilfen von der Qualität der Beziehung der handelnden Menschen abhängig ist. Sind Kontakt- und Hilfeangebote positiv besetzt, kann man davon ausgehen, dass Fähigkeiten zur Selbstheilung leichter aktiviert werden. Denn jeder Mensch hat dieses Potenzial und verfügt über die Motivation, sein Leben zufrieden zu gestalten. Werden ihnen stimmige und kontinuierliche Beziehungen angeboten und wird ihnen Wertschätzung entgegengebracht, hat das positive Auswirkungen auf ihre Lebensgestaltung bzw. ihre Gesundung.

Grundsätzliche Risiken und Nebenwirkungen von Hilfeplanung liegen darin, diese zwischenmenschlichen Aspekte gering zu schätzen und die Methodik der Hilfeplanung statisch, formal und bürokratisch zu sehen, sie instrumentalisiert umzusetzen.

Anliegen einer guten Hilfeplanung ist es, sorgfältig möglichst alle Interessen, Wünsche und Ziele der Menschen mit Hilfebedarf zu berücksichtigen. Dazu gehört es auch (trotz guter Planung), die Dinge manchmal dem Fluss des Lebens zu überlassen, Spielraum für Kreativität zu bewahren und offen für Neues und Überraschendes zu sein. Denn das Ziel von Planung ist Orientierung, nicht Ordnung.

Ziele und Wünsche werden häufig erst formuliert und erkennbar, wenn man miteinander in Kontakt tritt und darüber spricht. Wenn man über die wichtigen Dinge des Lebens nachzudenken beginnt und darüber redet, wird auch das Gefühlsleben angesprochen. Ein behutsamer zwischenmenschlicher Umgang ist daher wichtige Voraussetzung zur Verbesserung oder Linderung von Problemen, Störungen, Beeinträchtigungen, Erkrankungen oder Behinderungen. Dabei kann individuelle Hilfeplanung zu einer ganzheitlichen Betrachtung und somit der Ermittlung eines umfassenden Hilfebedarfs dienen.

Die Finanzierung der notwendigen Hilfen erfolgt jedoch nicht aus einer Hand. Zuständig für die Übernahme der Kosten sind die örtlichen Träger der Sozialhilfe, die Renten-, Kranken- und Pflegeversicherungen sowie Arbeitsverwaltungen und die Landesbehörden oder Landschaftsverbände als überörtliche Träger der Sozialhilfe. Hilfeplanung bewegt sich daher immer im Spannungsfeld der unterschiedlichen Zuständigkeiten.

Hilfeplanung findet sich als Begriff und Aufgabe in den neuen Sozialgesetzbüchern SGB XII und IX und verpflichtet dazu, die Lebensbedingungen der Menschen mit Hilfebedarf zu verbessern. Die Reform des Gesetzes erfolgte zu einer Zeit, in der die Kosten der Eingliederungshilfe zu explodieren drohten. Die größte Gruppe der derzeitigen Leistungsempfänger sind behinderte Menschen im Alter von 40 bis 50 Jahren, eine Generation älterer Behinderter gibt es (unter anderem wegen Euthanasie und Zwangssterilisation im Dritten Reich) noch nicht. Weil Menschen mit Behinderung nachwachsen und psychische Erkrankungen zunehmen, wird es in den nächsten Jahren immer mehr Menschen geben, die auf Eingliederungshilfe angewiesen sind (siehe HEUSER 2008). Die Kosten dafür sind allein 2005 gegenüber 2004 um 4,6 Prozent auf 11,8 Milliarden Euro gestiegen (siehe BAUR 2008).

Aus der Not eine Tugend machend verfolgen die Kostenträger den Grundsatz ambulant vor stationär mit dem Ziel, die Kosten für die Unterbringung in Wohnheimen zu bremsen bzw. zu reduzieren. Die Hilfeplanung ist dabei ein Instrument, um konkret zu beschreiben, welche Hilfen individuell benötigt werden und ob (kostengünstige) ambulante Hilfen anstelle von (teureren) stationären Hilfen möglich sind: Müssen tatsächlich so viele Menschen in einem Wohnheim leben? Können sie mit ambulanter Unterstützung nicht auch selbstständig leben?

Wer an der individuellen Hilfeplanung beteiligt ist, sollte sich dieses Zusammenhangs bewusst sein. Spätestens bei der Beantragung umfassender Hilfen wird man den daraus entstehenden Spannungen und Konflikten unweigerlich begegnen. In der Arbeitshilfe wird allerdings keine sozialpolitische Diskussion geführt. Auf Risiken und Nebenwirkungen dieses Spannungsfeldes wird an den entsprechenden Stellen im Text hingewiesen.

# Frau Adam, Frau Benn, Herr Köster, Herr Minh und Herr Richter

Juliane Benn (40) wird uns am häufigsten als Beispiel begegnen, um individuelle Hilfeplanung kennenzulernen. Als wir sie 2009 zum ersten Mal trafen, war sie 38 Jahre alt und lebte gemeinsam mit ihren Haustieren in einer eigenen Wohnung. Ihr Leben verlief nicht glatt und zur Unterstützung wurde ihr ein gesetzlicher Betreuer zur Seite gestellt. Von ihm erfuhren wir, dass sie an einer psychischen Erkrankung leidet und eine Persönlichkeitsstörung diagnostiziert wurde. Hinzu kamen Erfahrungen mit diversen Suchtmitteln. Aufgrund der Folgen eines Versuchs, sich das Leben zu nehmen, ist sie zudem in ihrer Mobilität eingeschränkt.

Das erste gemeinsame Hilfeplangespräch fand in ihrer Wohnung statt. Mehrere Versuche ihres Vermieters, ihr zu kündigen, hatten letztendlich zum Erfolg geführt, weil ihre Wohnung sehr verwahrlost war und ihre Art und Weise, ihr Leben zu gestalten, die Nachbarn störte. In der Tat war es in der Wohnung nicht möglich, sich hinzusetzen. Alle Möbel waren stark verunreinigt, Müll stapelte sich in den Ecken und ihre sieben Katzen und ein Hund hinterließen Spuren. Frau Benn äußerte mit Nachdruck, dass sie unter keinen Umständen ihr selbstständiges Wohnen aufgeben möchte, und beharrte darauf, niemals in ein Heim ziehen zu wollen. Ob und wie das für Frau Benn möglich wurde, wird in dieser Arbeitshilfe in den jeweiligen Kapiteln beschrieben.

Weil nicht alles, was für die individuelle Hilfeplanung wichtig ist, am Beispiel von Frau Benn erklärt werden kann, begegnen uns außerdem Anita Adam, Wolfgang Köster, Minh Hiêu und Thomas Richter. Auch sie sind auf Hilfen zum selbstständigen Leben angewiesen. Anita Adam (35) lebt wegen einer schweren Depression in einem Wohnheim, ebenso Wolfgang Köster (54), der an einem hirnorganischen Psychosyndrom leidet. Zuvor hat er lange Zeit in seiner Wohnung leben können, weil er neben den Einrichtungen und Diensten Unterstützung von seiner Tante erhielt. Minh Hiêu (68) lebt mit dauerhaften psychosenahen Wahrnehmungen. Er fand wie Thomas Richter (22), der mit seiner geistigen Behinderung umgehen muss, den Weg vom Wohnheim in eine eigene Wohnung. Herr Minh stammt aus Vietnam und kam 1976 als Boatpeople nach Deutschland. Sein kultureller Hintergrund unterscheidet sich zwar von unserem, über die individuelle Hilfeplanung lässt sich aber auch für ihn Teilhabe am gesellschaftlichen Leben ermöglichen.

Frau Adam, Frau Benn, Herr Köster, Herr Minh und Herr Richter leben mit ganz unterschiedlichen Problemen, Störungen und Beeinträchtigungen. Sie gehören zum Kreis der Menschen mit Psychiatrieerfahrung, zu den Menschen mit einer geistigen oder körperlichen Behinderung und zu den Personen mit einer Suchterkrankung. Vorrangiges Anliegen individueller Hilfeplanung ist es, ihnen entsprechend ihrer Fähigkeiten und Beeinträchtigungen die Teilhabe am gesellschaftlichen Leben zu ermöglichen.

# Wie ist die Arbeitshilfe aufgebaut und wie lässt sie sich nutzen?

Die Inhalte der Kapitel sind sehr praxisnah. Gesetzliche Rahmenbedingungen und sozialpolitische Themen werden nur in dem Maße angesprochen, wie sie für die praktische Umsetzung von Hilfeplanung von Bedeutung sind.

Ein kurzer Text leitet in die Thematik ein. Es folgt ein Beispiel anhand der vorgestellten Personen. Im Anschluss werden Risiken und Nebenwirkungen der Handlungsempfehlungen und der Methodik benannt. Ein Fazit fasst die Essenz des Kapitels zusammen und als Tipp werden Ratschläge aus Erfahrungen der Hilfeplanung hervorgehoben. Schließlich werden am Beispiel eines Musterhilfeplans des Landschaftsverbandes Rheinland für Frau Benn Dokumentationshinweise gegeben.

Der Praxisteil bildet den Schwerpunkt der Arbeitshilfe. Schritt für Schritt wird die Umsetzung der Hilfeplanung beschrieben und werden Arbeitsmaterialien (Gesprächsleitfäden, Checklisten, Kriterienkataloge und Vorschläge) zur Orientierung, Anregung und Unterstützung vorgestellt. Daraus kann eine persönliche Arbeitshilfe für die praktische Arbeit zusammengestellt werden.

Alle Arbeitsmaterialien befinden sich auf der beiliegenden CD, ebenso ein Hilfeplan des Landschaftsverbandes Rheinland (LVR) als Muster und ausgefüllt am Beispiel von Frau Benn.

Es empfiehlt sich, die Arbeitshilfe von Kapitel zu Kapitel zu lesen. Das verschafft ein Gesamtbild und die eigene Position im Hilfeplanprozess wird deutlicher.

# Was ist individuelle Hilfeplanung?

Individuelle Hilfeplanung, die eine personenzentrierte Sichtweise verfolgt, stellt den Menschen mit Hilfebedarf in den Mittelpunkt. Die für ihn tätigen Einrichtungen und Dienste müssen so organisiert werden, dass sich ihre Angebote an seinem Hilfebedarf orientieren. Vorrangig ist also die Frage »Was benötigt der Mensch mit Hilfebedarf, damit er am gesellschaftlichen Leben teilhaben kann?« und nicht »Was muss der Mensch mit Hilfebedarf tun, damit er in die Einrichtung und zu den Diensten passt?«.

Individuelle Hilfeplanung ist ein kommunikativer Prozess. Sie beginnt damit, dass man sich füreinander Zeit nimmt, um ins Gespräch zu kommen. Von vornherein sollten alle Personen, die für den Menschen mit Hilfebedarf von Bedeutung sind, an den Gesprächen beteiligt werden. Seine Ziele und Wünsche sollten der Kompass sein, an dem sich die Hilfen orientieren. Dazu ist es wichtig, herauszufinden, welche Ressourcen er hat, über welche Fähigkeiten er verfügt und welche spezifischen Probleme ihn daran hindern, sein Leben selbstständig zu gestalten. In diesen Bereichen sind Hilfen erforderlich, die für die Menschen mit Hilfebedarf von den beteiligten Personen organisiert und gestaltet werden. In erster Linie sind dies Menschen aus den Lebensbereichen, die ihm vertraut sind, die er als Heimat erlebt und zu denen er sich zugehörig fühlt. Einrichtungen und Dienste sind erst dann gefragt, wenn das gewohnte Lebensumfeld den Hilfebedarf nicht mehr ausreichend leisten kann.

Individuelle Hilfeplanung ist also eine Initiative aller um den Menschen mit Hilfebedarf herum Beteiligten, ihn (wieder) in Bewegung zu bringen, ihn zu fördern und die Hilfen seinen Bedürfnissen entsprechend auszurichten und zu gestalten. Voraussetzung dafür, dass alle Beteiligten gut zusammenarbeiten, ist eine gute Koordination der Hilfen und eine aussagefähige Dokumentation.

Die Qualität von Hilfeplanung ist allerdings nicht in erster Linie von den verwendeten Formularen und einer umfangreichen Datensammlung abhängig. Sie sind nur Mittel zum Zweck. Trotzdem kommt dem Hilfeplan, der Verschriftlichung der Hilfen, besondere Bedeutung zu. Darin soll der Betroffene in seiner Individualität erkennbar und sollen die notwendigen Hilfen einfach und plausibel zu verstehen sein.

Der Erfolg der Hilfeplanung liegt in der Verantwortung aller Beteiligten: der Gesundheitspolitik, der Einrichtungen und Hilfeanbieter, der dort arbeitenden Mitarbeiter und selbstverständlich der Menschen mit Hilfebedarf und der ihnen nahestehenden Menschen.

**ABBILDUNG**

Frau Benn und die an der Hilfeplanung beteiligten Institutionen und Dienste

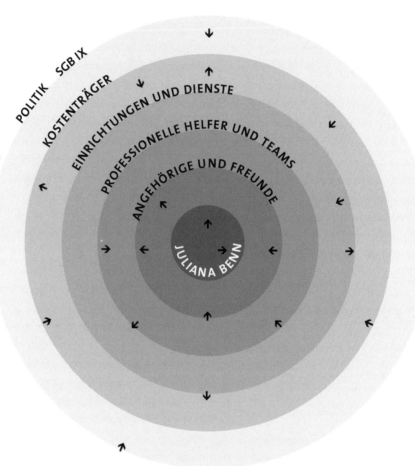

Wir haben Frau Benn in den Mittelpunkt des Schaubildes gestellt. Der erste Kreis um sie herum sind ihre Angehörigen und Freunde. Zum zweiten Kreis gehören die für sie tätigen professionellen Helfer. Der dritte Kreis zeigt die Einrichtungen, in denen die professionellen Helfer tätig sind und das Team, zu dem sie gehören. Der vierte Kreis steht für die Kostenträger, von denen die Hilfen für Frau Benn finanziert werden. Den äußersten Kreis bildet die Politik, die die gesetzlichen Vorgaben schafft. Die Pfeile zwischen den Kreisen symbolisieren die unterschiedlichen Vorstellungen, Ideen und Vorgaben, die das Leben von Frau Benn prägen.

Die Vorgaben der Politik sind eindeutig: Für die Eingliederung von Menschen mit Behinderung sind im Laufe der Jahre Gesetze gemacht worden, nach denen sich die zuständigen Kostenträger und Einrichtungen zu richten haben. In unserem Zusammenhang sind das die Sozialgesetzbücher, insbesondere

- SGB IX: Rehabilitation und Teilhabe behinderter Menschen,
- SGB XII: Sozialhilfe,
- SGV V: Gesetzliche Krankenversicherung,
- SGB VI: Gesetzliche Rentenversicherung und
- SGB II: Grundsicherung für Arbeitssuchende.

Das SGB IX formuliert im ersten Paragrafen, wofür die Leistungen eingesetzt werden sollen: »Behinderte oder von Behinderung bedrohte Menschen erhalten Leistungen nach diesem Buch und den für die Rehabilitationsträger geltenden Leistungsgesetzen, um ihre Selbstbestimmung und gleichberechtigte Teilhabe am Leben in der Gesellschaft zu fördern, Benachteiligungen zu vermeiden oder ihnen entgegenzuwirken.«

Die Dienste und Einrichtungen erfüllen zwar die gesetzlichen Vorschriften, sind in aller Regel aber auch ihrem Leitbild verpflichtet. Darin können unterschiedliche Menschenbilder beschrieben werden, die z.B. bei kirchlichen Trägern durch die Konfession geprägt sind oder bei freien Trägern aus der Geschichte einer Bürgerinitiative entstanden sind. Das Leitbild und die gepflegten Kommunikationsformen beeinflussen Erwartungen und Vorstellungen der Mitarbeiter und werden an die von ihnen betreuten Menschen weitergegeben.

Professionelle Helfer sind darüber hinaus Vertreter ihrer Profession. Auch sie haben Wünsche und Vorstellungen darüber, wie am sinnvollsten geholfen werden kann. Sie haben Ideen, welche Ziele sie mit dem Menschen, mit dem sie arbeiten, erreichen wollen. Diese können völlig unterschiedlich von denen sein, die Angehörige, Nachbarn und Freunde haben. Frau Benns Bezugsperson ist Sozialarbeiterin. Ihr ist es wichtig, dass sie lernt, ihr Leben gesünder, ohne Drogenkonsum, Gefährdung durch Übergriffe und ohne selbstschädigendes Verhalten zu führen. Auch die Eltern von Frau Benn haben Wünsche und Vorstellungen, wie ihre Tochter ihr Leben hätte gestalten sollen und in Zukunft gestalten sollte. Sie haben sich gewünscht, dass sie ihre Berufsausbildung abschließt und eine Familie gründet. Aus ihr sollte etwas Besseres werden. Für die Zukunft hoffen sie nur, dass alles nicht noch schlimmer wird.

Ziel der individuellen Hilfeplanung ist es, in Erfahrung zu bringen, welche Wünsche und Erwartungen um Frau Benn herum für sie selber von Bedeutung sind: Was möchte Frau Benn in ihrem Leben erreichen? Wie möchte sie ihr Leben trotz ihrer Probleme und Beeinträchtigungen gestalten? Es ist nicht leicht, durch die Kreise und Pfeile der Wünsche, Ideen und Vorstellungen in der Grafik, die von Frau Benn zu erkennen. Aber nur wenn wir nahe genug an das herankommen, was für sie wichtig ist, sind Veränderungen und Bewegung möglich.

Die unterschiedlichen Richtungen der Pfeile symbolisieren die Konkurrenz der verschiedenen Vorstellungen und Wünsche. Jeder will Frau Benn nach seinen Vorstellungen zur Teilhabe am gesellschaftlichen Leben bewegen. Bewegen kann sich Frau Benn aber nur, wenn alle Pfeile in die gleiche Richtung zeigen. Konsens, d.h. eine weitgehende Übereinstimmung der Vorstellungen aller Beteiligten, und gemeinsame Ziele würden Frau Benn am meisten in Bewegung bringen.

Der Konsens wird in den meisten Fällen ein Kompromiss sein, bei dem alle Beteiligten ihr Anliegen in einem verträglichen Maß vertreten sehen. Werden Entscheidungen hierarchisch herbeigeführt, hätte das zur Folge, dass die an der Hilfeplanung Beteiligten über den einen oder anderen Kopf hinweg ihre Vorgaben durchsetzen. Stagnation wäre die Folge und eine positive Entwicklung unwahrscheinlich. Denn wenn die Beteiligten mit- und gegeneinander kämpfen, werden viele Ressourcen für Konflikte eingesetzt und können nicht für Frau Benn genutzt werden.

Kommunikation, Organisation und Koordination zur Ordnung der »Pfeile« ist die grundlegende Aufgabe im Spannungsfeld der individuellen Hilfeplanung. Methoden und Wege dafür zu finden, sind die Aufgaben der daran beteiligten »Kreise«.

Bevor wir in Erfahrung bringen, wer dabei welche Aufgaben hat, beginnen wir mit dem inneren Kreis der Betroffenen. Vorher beschäftigen wir uns jedoch mit der Frage, was man über Hilfeplanung grundsätzlich wissen sollte.

# Das Hilfeplanverfahren

Das Hilfeplanverfahren beruht auf der gesetzlichen Verpflichtung der Kostenträger der Eingliederungshilfe, den Menschen mit Behinderungen Teilhabe am gesellschaftlichen Leben zu ermöglichen. Dabei wird Hilfeplanung als Prozess verstanden, um zu klären, welcher individuelle Hilfebedarf erfüllt werden muss, damit dem Betroffenen die gesellschaftliche Teilhabe gelingt.

Vorrangig zuständig für die Hilfeplanung ist die Eingliederungshilfe. In Anlehnung des Gesetzestextes orientiert sie sich an der Leitfrage: Was benötigt der Mensch mit Hilfebedarf zum selbstständigen Wohnen? Trotz eines gemeinsamen Gesetzes verläuft das Hilfeplanverfahren in den Bundesländern unterschiedlich. Die in der Arbeitshilfe verwendeten Beispiele und Verfahren beruhen auf Erfahrungen im Rheinland. Da allen Hilfeplanverfahren eine ähnliche Struktur hinterlegt ist, sind sie aber leicht übertragbar. Welche Hilfeplanverfahren wo Anwendung finden, geht aus der folgenden Tabelle hervor:

| Bundesland | Hilfeplanverfahren (Stand 2009 nach Jansen-Kayser 2010) |
| --- | --- |
| Baden-Württemberg | H.M.B.-W.(stationär), kein einheitliches ambulantes Verfahren |
| Bayern | HEB |
| Berlin | BRP, Steuerungsgremien in den Bezirken |
| Brandenburg | Kein einheitliches Hilfeplanverfahren, regionale Mischformen |
| Bremen | Bremer Hilfeplan, Steuerungsstelle |
| Hamburg | IBRP angelehnt, HMB-W |
| Hessen | IHP, ITP (inkl. persönliches Budget) |
| Mecklenburg-Vorpommern | Landesregelung IBRP mit HPK |
| Niedersachsen | Verbindliche Landesregelung IBRP |
| NRW<br>Rheinland (LVR)<br>Westfalen (LWL) | IHP mit HPK, HMB-W<br>IHP mit Clearingstelle |

| Bundesland | Hilfeplanverfahren (Stand 2009) |
|---|---|
| Rheinland-Pfalz | THP (inkl. persönliches Budget) mit THK |
| Saarland | Kein einheitliches Hilfeplanverfahren, regionale Mischformen |
| Sachsen | Größere Träger IBRP; kleine Träger selbst entwickelte Verfahren |
| Sachsen-Anhalt | Selbstentwickeltes Verfahren |
| Schleswig-Holstein | Kein einheitliches Hilfeplanverfahren, regionale Mischformen |
| Thüringen | Kein einheitliches Hilfeplanverfahren, regionale Mischformen |

**Quellen:**
Eigene Recherche, Paritätisches Kompetenzzentrum persönliches Budget Paritätischer
Wohlfahrtsverband Rheinland Pfalz, APK, LVR, Deutscher Verein für öffentliche und private Fürsorge e.V.

**Legende:**
BHP = Bremer Hilfeplan (angelehnt an IBRP)
BRP = Behandlungs- und Rehabilitationsplan, Berliner Version des IBRPs
H.M.B.-W = Hilfebedarf von Menschen mit Behinderung, Fragebogen zur Erhebung im Lebensbereich
Wohnen / Individuelle Lebensgestaltung, entwickelt von Frau Dr. Heidrun Metzler, Forschungsstelle
»Lebenswelten behinderter Menschen«
HEB = Bayrischer Hilfeplan, angelehnt an IBRP
HPK = Hilfeplankonferenz
IBRP = Der Integrierte Behandlungs- und Rehaplan der Aktion Psychisch Kranke e.V.
IHP = Individuelle Hilfeplanung
THK = Teilhabekonferenz
THP = Teilhabeplanung

Ein Rechtsanspruch auf Hilfeplanung liegt vor, insofern von einem Facharzt attestiert wird, dass eine psychische Erkrankung vorliegt, eine geistige oder körperliche Behinderung besteht oder jemand an einer Suchterkrankung leidet (SGB II, SGB IX, SGB XII). Daraus leitet sich auch der Anspruch auf Hilfe zum selbstständigen bzw. betreuten Wohnen (BeWo) ab. Die Notwendigkeit muss dem Kostenträger gemeldet werden. Wenn die Voraussetzungen erfüllt sind, erfolgt in der Regel die Anerkennung des Bedarfs ab dem Zeitpunkt der Bekanntmachung und die notwendigen Hilfen werden bezahlt.

**TIPP**

Sorgen Sie für ein Attest und melden Sie den Hilfebedarf rechtzeitig an.

**BEISPIEL**   An der psychischen Erkrankung von Frau Benn gab es keine Zweifel. Herr Cornelius Gerken, ihr gesetzlicher Betreuer, hatte keine Mühe, dies von einem Arzt, den er mit ihr zusammen aufsuchte, attestiert zu bekommen. Wie wir im Folgenden sehen werden, hat Herr Gerken den Weg über den sozialpsychiatrischen Dienst und die Hilfeplankonferenz gewählt, um für Frau Benn Hilfe zum selbstständigen Wohnen zu bekommen. Hätte er schon vorher das sozialpsychiatrische Zentrum dafür gewinnen können, sich diesem Anliegen zu widmen, hätte eine Mitteilung an den zuständigen Fachdienst beim Kostenträger gereicht, um den Rechtsanspruch auf Hilfe ab dem Eingangsdatum der Meldung geltend zu machen. ✘

Mit diesem ersten Schritt wird das Hilfeplanverfahren in Gang gesetzt. Wenn es sich um einen neuen »Fall« handelt, der den in den Hilfen aktiven Menschen und Einrichtungen unbekannt ist, reicht ein vorläufiger Hilfeplan. Denn es wird nicht erwartet, dass in den ersten Wochen der Begegnung der Hilfebedarf konkret genug ermittelt werden kann. Innerhalb von zwei bis drei Monaten nach Aufnahme der Hilfe sollte ein aussagekräftiger Hilfeplan vorgelegt werden.

Der ermittelte Hilfebedarf führt zu Maßnahmen, die im Hilfeplan in Zeitwerten zu benennen sind. Der Zeitaufwand, den die Einrichtungen und Dienste der Eingliederungshilfe zu leisten haben, wird in Minuten und Stunden pro Woche beziffert, und zumeist als Fachleistungsstunde (Flstd) bezeichnet. Ihr ist ein Geldwert hinterlegt, der in den Bundesländern unterschiedlich ist. Die Höhe wird mit den Kostenträgern der Eingliederungshilfe verhandelt und vereinbart. Sie ist quasi die »Währung«, mit der ein Hilfebedarf im Hilfeplan finanziell bewertet wird. Dabei muss plausibel begründet werden, warum das, was zu tun ist, von einer Fachkraft umgesetzt werden muss, und ob die Hilfen der Unterstützung des selbstständigen Wohnens dienen.

**TIPP**

Ausführliche Informationen zum persönlichen Budget finden Sie unter www.budget.paritaet.org.

Nicht alles, was der Betroffene benötigt, erfordert die Hilfe von Fachkräften. Auch in unseren Beispielen kommen nicht professionelle Helfer zum Einsatz. Eine Bezahlung dieser Hilfen wird aber derzeit noch nicht über das Hilfeplanverfahren ermöglicht. Chancen liegen in der Verwendung des persönlichen Budgets, mit dem es auch möglich ist, nicht professionelle Hilfe zu bezahlen.

**BEISPIEL**    Frau Benn erhält von der Mitarbeiterin Frau Galbo regelmäßig Hilfe zum selbstständigen Wohnen. Sie kommt montags in der Zeit von 10 bis 12 Uhr, also für zwei Fachleistungsstunden. Von 10 bis 10.30 Uhr hilft Frau Galbo ihr, »in den Tag zu kommen«. Meistens muss sie sie wecken, zur Morgentoilette auffordern und ihr saubere Kleidung raussuchen. Das geschieht selten ohne »murren und knurren«. Ist Frau Benn aktiv geworden, sammelt Frau Galbo die Schmutzwäsche zusammen und bestückt die Waschmaschine. Danach wird der hygienische Zustand der Küche und des Kühlschranks überprüft und muss nicht selten nachgebessert werden. Frau Benn hat inzwischen einen Kaffee gekocht, und die beiden reden zunächst über das vergangene Wochenende, über ihre Aktivitäten und Kontakte (10.30 bis 10.45 Uhr). Sie erstellen gemeinsam einen Einkaufszettel (10.45 bis 11.00 Uhr) und fahren zum Einkauf. Während der Fahrt setzen sie häufig das Gespräch fort. Frau Galbo muss Frau Benn beim Einkauf begleiten, beraten und manchmal auch kontrollieren, ob sie die richtigen Dinge einkauft. Gegen 11.30 Uhr fahren sie zurück in die Wohnung und Frau Galbo hilft beim Einräumen der Lebensmittel. Nebenbei bereitet sie ein Fertiggericht zu. Gegen 11.55 Uhr verabschiedet sich Frau Galbo und geht auf dem Weg zu ihrem Auto in den Waschkeller um die Wäsche in den Wäschetrockner zu legen. Die einzelnen Aufgaben dieses ritualisierten Ablaufs werden im Hilfeplan für die jeweiligen Lebensbereiche (Wohnen, Freizeit, soziale Beziehungen und gesunde Lebensführung) als das beschrieben, was getan werden soll, um das Ziel des selbstständigen Wohnens zu erreichen. Dies wird in der Folge als Maßnahme bezeichnet (Auszüge):

**Wohnen**
- Sich waschen: freundliche Aufforderung, sich morgens zu waschen
- Sich kleiden: Unterstützung bei der Auswahl der Kleidung, bedarfsweise Hilfe beim Ankleiden geben
- Hausarbeiten erledigen: Schmutzige Kleidung sammeln und gemeinsam waschen, intensiv fördern, bedarfsweise stellvertretende Ausführung
- Gemeinsames und/oder stellvertretende Reinigen des Wohnraums, Förderung und Kontrolle, gemeinsames Aufräumen
- Waren des täglichen Bedarfs einkaufen: Erstellen eines Einkaufzettels, Begleitung zum der individuellen Situation angepassten Einkauf
- Elementare wirtschaftliche Transaktionen durchführen: Vermitteln und Beraten zum geeigneten Umgang mit den zur Verfügung stehenden Geldbeträgen in Kooperation mit dem gesetzlichen Betreuer

**Lernen, Beschäftigung, Arbeit, Ausbildung und Schule:**

- Sich Fertigkeiten aneignen: Aufforderung und Motivation, die alltäglichen Dinge gemeinsam in Angriff zu nehmen
- Aufmerksamkeit fokussieren: Unterstützung und Erinnerung, sich auf die anstehenden Aufgaben zu konzentrieren
- Lesen: den Einkaufzettel gemeinsam nachlesen
- Rechnen: das nötige Einkaufsgeld gemeinsam prüfen und berechnen
- Die tägliche Routine durchführen: Hilfe bei der Planung und Bewältigung der anstehenden Aufgaben, Erstellen eines Wochenplans, danach handeln

**Freizeit und Kultur:**

- Erholung, Freizeit und Gemeinschaftsleben: Anregung durch Information und Veranstaltungshinweise
- Motivation zur Erhaltung der Hobbys, Gespräche über Filme

**Soziale Beziehungen:**

- Kommunikation: Unterstützung der Bereitschaft zu gemeinsamen Gesprächen, Rückmeldung über die Form der Konversation und Diskussion geben
- Elementare und komplexe interpersonelle Aktivitäten:
- Lernen und Fördern eines geeigneten Umgangs mit den Bezugspersonen und Fremden
- Rückmeldung geben und Erfolge wertschätzen, dazu regelmäßige und spontan mögliche Einzelgespräche führen

**Gesundheit:**

- Funktion der Orientierung: Fördern von Orientierung zu Zeit, zur eigenen Person und zu anderen Personen
- Funktion von Temperament und Persönlichkeit: Aufrechterhaltung und Entwicklung der persönlichen Fähigkeiten, wie Offenheit, Neugier und Vertrauen über Gespräche
- Funktion der psychischen Energie: Förderung und Motivation, über Themen wie Sucht und Impulskontrolle zu sprechen, um Abstinenz zu erreichen und zu erhalten
- Emotionale Funktionen: Thematisieren von Problemen der affektiven Kontrolle, die die Schwingungsfähigkeit betreffen; über Ängste, Ärger, Hass, Anspannung, Freude und Sorgen sprechen, Psychoedukation und Hilfe zu Maßnahmen der Selbstwirksamkeit
- Mobilität: Regelmäßige Aufforderung und Motivation zur Bewegung, Gehübungen mit und ohne Rollator  ✖

Die Vertreter der Kostenträger achten besonders darauf, ob die Zeitwerte zu den Maßnahmen passen. Um während der Vorstellung des Hilfeplans in der Hilfeplankonferenz nachfragen zu können, bekommen sie ihn rechtzeitig vorher zugestellt. Die Teilnehmer der Hilfeplankonferenz diskutieren und beraten den Hilfebedarf. Da die Vertreter der Kostenträger daran beteiligt sind, wird die ausgesprochene Empfehlung in der Regel von ihnen genehmigt.

Der Hilfeplan ist ein umfangreiches Formular, das sich nicht auf den ersten Blick erschließt und für Menschen mit ganz unterschiedlichen Beeinträchtigungen und Störungen verwendet wird. Neben dem persönlichen Hilfebedarf soll auch der Prozess der Hilfeplanung in den Hilfeplänen nachzuvollziehen sein. Das ist ein hoher Anspruch an ein Formular und kritisch betrachtet kann kein Hilfeplan ihm genügen. Trotzdem hat der Hilfeplan eine zentrale Bedeutung: Er soll die Persönlichkeit des Menschen mit Hilfebedarf zum Ausdruck bringen und ist Grundlage für die Bewilligung (finanziell) notwendiger Hilfen.

Trotz unterschiedlicher Hilfepläne sind die Bestandteile ähnlich. Es gibt jeweils einen Bogen

- zu personenbezogenen Daten (Basisbogen, Datenschutzerklärungen etc.),
- zur angestrebten Wohn- und Lebensform und
- zur Bestandsaufnahme der derzeitigen Situation, der Fähigkeiten und Ressourcen, der Probleme, Störungen und Beeinträchtigungen.

In der Regel beziehen sich diese Angaben auf folgende Lebensbereiche:

- Wohnen und selbstständige Lebensführung,
- Arbeit und Beschäftigung,
- Freizeit und kulturelles Leben,
- soziale Beziehungen,
- Gesundheit und gesunde Lebensführung sowie
- Tagesgestaltung.

An weiteren Stellen und Unterpunkten wird nach den bisherigen Erfahrungen, Eigenschaften und der individuellen Lebensweise gefragt. Hervorgehoben wird in der Regel die Dokumentation der gewünschten und erreichten Ziele.

Nicht alles, was ein Mensch mit Hilfebedarf benötigt, muss von professionellen Fachkräften durchgeführt werden. Diesem Umstand tragen auch die Hilfepläne Rechnung, in dem in ihnen unterschieden wird, wer die Hilfen erbringen soll:

- Hilfe aus dem sozialen Umfeld (zum Beispiel Familie, Freunde, Nachbarn),
- allgemeine medizinische oder soziale Hilfen (zum Beispiel Hausarzt, Haushaltshilfe, Sozialdienst) und
- Leistungen behinderungsspezifischer Fachdienste.

Die Hilfen, die aus dem sozialen Umfeld erbracht werden, führen in der Regel zu keinen Kosten. Vertreter der Kostenträger begrüßen daher solche Hilfen. Sie sind doppelt erwünscht, denn sie tragen auch zur Normalität bei und beugen der Stigmatisierung vor.

Insofern es Vermögen gibt, muss der Betroffenen und/oder müssen seine Angehörigen sich an den Kosten für die Hilfen zum selbstständigen Wohnen beteiligen. Ob und in welcher Höhe das zutrifft, wird nach Antragstellung vom Kostenträger der Eingliederungshilfe geprüft. Informationen zu den Bemessungsgrenzen sind bei ihnen erhältlich.

Bei der Erstellung des Hilfeplans benötigen die Betroffenen in der Regel Hilfe. Wen sie damit beauftragen und wer hinzugezogen werden soll, ist von großer Bedeutung. Dies können Menschen aus seinem engeren Lebensumfeld sein oder Mitarbeiter von Einrichtungen und Diensten. Für die Beratung von Menschen mit einer geistigen Behinderung sind in den letzten Jahren im Rheinland Kontakt-, Koordinierungs- und Beratungsstellen (KoKoBe) eingerichtet worden, die sich unter anderem der Beratung bei der individuellen Hilfeplanung widmen.

Grundsätzlich soll der Hilfebedarf klar, nachvollziehbar, individuell, respektvoll und fachlich angemessen dokumentiert werden. Daten müssen jedoch nur in dem Umfang erhoben werden, wie sie für die Hilfeplanung notwendig sind. Hilfepläne sind nichts anderes als Formulare, in denen eine plausible und nachvollziehbare Begründung für die beantragten Hilfen zum Ausdruck kommen sollen. Die dazu notwendigen Daten haben kein anderes Ziel. So unterschiedlich die Menschen mit Hilfebedarf sind, so unterschiedlich sind auch die Daten, die für eine gute Hilfeplanung notwendig sind. Nicht alles, was im Formular erfragt wird, muss auch beantwortet werden.

Selbstverständlich gehören auch Hinweise zum Datenschutz zur Hilfeplanung (siehe Arbeitsmaterial 12, IHP Frau Benn, Basisbogen).

 **Risiken und Nebenwirkungen**

Die den Hilfeplänen hinterlegte Methodik erschließt sich nicht immer beim Lesen des dazugehörigen Manuals (das es zu fast jedem

Hilfeplan gibt) und kein Hilfeplan verfügt über einen leicht zu findenden »roten Faden«. Die für die Hilfeplanung Verantwortlichen verwenden nicht selten viel Zeit, Kraft und Energie auf der Suche danach und einer effektiven und effizienten Form des Umgehens damit. Auch fachlich kompetente Mitarbeiter scheitern schon mal daran, ihre Fachlichkeit verbal und schriftlich in einer vorgefertigten Form darzulegen.

Ein relativ umfangreiches Formular fordert dazu heraus, alles, was erfragt wird, auch zu beantworten. Es kann geschehen, dass die Qualität des Hilfeplans daran gemessen wird, wie viele Daten und wie umfangreich der Wortschatz ist.

Ein gut formulierter Hilfebedarf begründet oft eine hohe Anzahl von Fachleistungsstunden. Darin liegt eine Gefahr: Je defizitärer ich den Menschen mit Hilfebedarf beschreibe, umso mehr Fachleistungsstunden und damit finanzielle Mittel bekomme ich.

Hilfepläne werden häufig mit einer Software erstellt, was zur Verwendung von Textbausteinen verleiten kann.

**Fazit**

Die Methodik zur Umsetzung der Hilfeplanung lässt sich nicht aus einem Formular ableiten. Eine einheitliche Handhabung ist schwer umzusetzen. Die Qualität des Hilfeplans ist nicht von der Menge der Daten abhängig, sondern von seiner Plausibilität.

# Individuelle Hilfeplanung und ICF

Die International Classification of Functioning, Disability and Health (ICF) beruht auf einer Initiative der Weltgesundheitsorganisation (World Health Organization, WHO). Weltweit haben Experten darin Faktoren zusammengetragen, die für Integration und Teilhabe der Menschen am gesellschaftlichen Leben bedeutsam sind. Die in dieser Arbeitshilfe zitierte deutschsprachige Version beruht auf dem Stand von Oktober 2005.

**TIPP**

Die deutschsprachige Version des ICF steht im Internet kostenlos als Download zur Verfügung unter http://www.dimdi.de/static/de/klassi/icf/index.htm.

In Deutschland hat die ICF inhaltlich und strukturell wesentlichen Einfluss auf das Neunte Buch des Sozialgesetzbuches (SGB IX) – Rehabilitation und Teilhabe behinderter Menschen – genommen. Der vom Landschaftsverband Rheinland (LVR) im Sommer 2010 neu aufgelegte Individuelle Hilfeplan (IHP 3) hat ebenfalls wesentliche Elemente aus der ICF übernommen, die bei der Umsetzung der Hilfeplanung zweckdienlich sind. Für die Erstellung eines Hilfeplans für Menschen mit Behinderung ist die Kenntnis der ICF deswegen sinnvoll und sehr zu empfehlen.

Mit der ICF wird der Versuch unternommen die Faktoren, die für den Menschen und sein Leben von Bedeutung sind zu benennen und in eine allgemeine Übersicht zu bringen. Die ICF kategorisiert die individuellen Auswirkungen einer Beeinträchtigung in der spezifischen Lebenssituation einer Person und wird damit der Lebenswirklichkeit der Menschen gerechter. Dafür wurde ein umfassender Kriterienkatalog zusammengetragen, der alle Lebensbereiche berücksichtigt. Es wird dazu eingeladen daraus für die Entwicklung und den Aufbau von Hilfen individuelle Fragebögen zu erstellen. Gemeinsam mit den spezifischen Begrifflichkeiten der ICF wird eine einheitliche Kommunikation über die Beeinträchtigungen eines Menschen möglich.

Die ICF versteht sich ausdrücklich als Instrument der Klassifikation und nicht der Diagnostik. Sie stellt keine Messverfahren zur Verfügung und ist durch Leitfragen geprägt, die berücksichtigt werden sollen um insbesondere Menschen mit Problemen genauer zu verstehen. Die ICF ist nicht nur für Menschen mit Behinderungen gedacht, sie kann auf alle bezogen werden. Mit ihrer Hilfe können Lebensbereiche in Verbindung mit Gesundheitsproblemen beschrieben werden. Die ICF ist somit universell anwendbar.

Die in dieser Arbeitshilfe verwendeten Arbeitsmaterialien 2.2 bis 2.10 sind aus dem Datensatz der ICF entwickelt worden und beinhalten die für die Hilfeplanung relevanten Themen ohne ausdrückliche Verwendung der von der WHO vorgeschlagenen umfassenden Kodierung.

# Was man wissen sollte

Zentral in der ICF ist der Begriff der Funktionsfähigkeit. Daran sollen sich alle Aspekte der Gesundheit und der individuellen Teilhabe am gesellschaftlichen Leben orientieren und beschrieben werden. Jemand wird als funktional gesund verstanden, wenn

- seine körperlichen Funktionen und Körperstrukturen denen eines gesunden Menschen entsprechen,
- er all das tut oder tun kann, was von einem Menschen ohne Gesundheitsproblem erwartet wird,
- er sein Dasein in allen Lebensbereichen, die ihm wichtig sind, in der Weise und dem Umfang entfalten kann, wie es von einem Menschen ohne gesundheitsbedingte Beeinträchtigung erwartet wird.

Behinderung wird als eine Beeinträchtigung der funktionalen Gesundheit verstanden. Der Gesundheitsbegriff ist so weit gefasst, dass er auch zur Ermittlung des Hilfebedarfs beispielsweise beim selbstständigen Wohnen anwendbar ist.

Funktionsfähigkeit oder Probleme können auf unterschiedlichen Ebenen beschrieben werden. Die ICF schlägt zur Orientierung folgende vor:

- Körperfunktionen und Strukturen (Funktionsfähigkeit, Probleme und Beeinträchtigungen körperlicher Natur),
- Aktivitäten, Partizipation und Teilhabe (Funktionsfähigkeit, Probleme und Beeinträchtigung in den Bereichen: Lernen, Kommunikation, Mobilität, Selbstversorgung, häusliches Leben, soziale Beziehungen).

Die vorrangig verwendeten Begriffe werden wie folgt definiert:

**Körperfunktionen** sind die physiologischen Funktionen von Körpersystemen (einschließlich psychischer Funktionen).

**Körperstrukturen** sind anatomische Teile des Körpers, wie Organe, Gliedmaßen und ihre Bestandteile.

Schädigungen sind Beeinträchtigungen einer Körperfunktion oder -struktur, wie z.B. eine wesentliche Abweichung oder ein Verlust.

**Aktivität** bezeichnet die Durchführung einer Aufgabe oder Handlung (Aktion) durch einen Menschen.

**Partizipation (Teilhabe)** ist das Einbezogensein in eine Lebenssituation.

**Beeinträchtigungen der Aktivität** sind Schwierigkeiten, die ein Mensch bei der Durchführung einer Aktivität haben kann.

**Beeinträchtigungen der Partizipation (Teilhabe)** sind Probleme, die ein Mensch beim Einbezogensein in eine Lebenssituation erlebt.

**Umweltfaktoren** bilden die materielle, soziale und einstellungsbezogene Umwelt ab, in der Menschen leben und ihr Dasein entfalten.

Welche Rolle diese Begriffe bei der Hilfeplanung haben wird bei der Anwendung der Arbeitsmaterialien weiter unten gezeigt.

# Die ICF ermöglicht eine genauere Beschreibung

In der ICF werden die für die Menschen relevanten Lebensbereiche und Themen als Domänen bezeichnet. Darunter wird eine praktikable und sinnvolle Menge von miteinander in Zusammenhang stehenden Faktoren verstanden, die den Zustand eines Menschen beschreiben sollen. Sie werden in Kapitel aufgeteilt und in den sogenannten Items detailliert beschrieben.

Im Beispiel aus der Originalfassung heißt die Domäne Aktivitäten und Partizipation (Teilhabe), das Kapitel Selbstversorgung und das Item sich waschen.

### Klassifikation der Aktivitäten und Partizipation (Teilhabe) Kapitel 5: Selbstversorgung

**BEISPIEL** Dieses Kapitel befasst sich mit der eigenen Versorgung, dem Waschen, Abtrocknen und der Pflege des eigenen Körpers und seiner Teile, dem An- und Ablegen von Kleidung, dem Essen und Trinken und der Sorge um die eigene Gesundheit.

**d510 Sich waschen**

Den ganzen Körper oder Körperteile mit Wasser und geeigneten Reinigungs- und Abtrocknungsmaterialien oder -methoden zu waschen und abzutrocknen, wie baden, duschen, Hände, Füße, Gesicht und Haare waschen und mit einem Handtuch abtrocknen.

Inkl.: Körperteile und den ganzen Körper waschen; sich abtrocknen
Exkl.: Seine Körperteile pflegen (d520); die Toilette benutzen (d530)

**d5100 Körperteile waschen**
Zur Reinigung seiner Körperteile, wie Hände, Gesicht, Füße, Haare oder Nägel, Wasser, Seife und andere Substanzen zu verwenden.

**d5101 Den ganzen Körper waschen**
Zur Reinigung seines ganzen Körpers Wasser, Seife und andere Substanzen zu verwenden, wie baden oder duschen.

**d5102 Sich abtrocknen**
Zum Abtrocknen eines Körperteils, von Körperteilen oder des ganzen Körpers ein Handtuch oder entsprechendes zu verwenden, wie nach dem Waschen. ✘

Die ICF ermöglicht also eine in standardisierter Sprache verfasste genauere Beschreibung der für die Lebensbereiche relevanten Themen die mit der Einschätzung der Gesundheit in Zusammenhang stehen. Sie belegt jede dieser Beschreibungen mit einem Kode.

**BEISPIEL    d510**
Das **d** meint die Domäne, also den Lebensbereich.
Die **5** steht für das dazugehörige Kapitel.
Die **10** für das Item mit den bis ins Detail gehenden Beschreibungen.
✘

# Fähigkeiten und Probleme

In der ICF werden die Lebensbereiche in sinnvollen Zusammenhängen beschrieben und geordnet. Um einschätzen zu können, ob und in welchen Umfang Fähigkeiten oder Probleme bestehen, bietet die ICF einheitliche Beurteilungsmerkmale an. Grundsätzliches Kriterium ist die Einschätzung der Leistungsfähigkeit in Bezug zum Schweregrad des Problems oder zum Ausmaß oder Größe der Beeinträchtigung oder Schädigung.
Es werden Merkmale zur Orientierung, Bezeichnung und Beschreibung von Problemen angeboten. Zentral ist die exakte Umschreibung des Problems. Um den Grad der Probleme unterscheiden zu können wurden sie um Prozentangaben ergänzt. Sie beschreiben die Zeit in der das Problem mit einer Intensität und Stärke vorliegt, die jemand tolerieren und annehmen kann.
Aufgrund der anzunehmenden Bedeutung der ICF-Kriterien für die

Beurteilung der Lebensbereiche in der Hilfeplanung ist es zu empfehlen sich diese anzueignen. Dabei ist zu berücksichtigen, dass sie nicht vollständig und eine individuelle Beschreibung immer Vorrang haben sollte. Die ICF Kriterien können der individuellen Beschreibung als Orientierung dienen.

Die folgende Aufstellung ist für die Verwendung in der alltäglichen Praxis als Arbeitsmaterial 2.7 auf der CD zu finden.

**»Ohne große Probleme«** bedeutet, dass kein Problem besteht und die Person die betreffenden Aufgaben ohne weiteres bewältigen kann. Mögliche Beschreibungen: Zum Beispiel Problem ist nicht vorhanden (ohne, kein, unerheblich, vernachlässigbar etc.) 0 bis 4 Prozent.

**»Ein leichtes Problem«** besteht dann, wenn es in weniger als 25 Prozent der Zeit mit einer Intensität und Stärke vorliegt, die jemand tolerieren und annehmen kann und wenn es in den letzten 30 Tagen selten auftrat. Mögliche Beschreibungen: Zum Beispiel Problem ist leicht ausgeprägt (schwach, gering, niedrig etc.) 5 bis 24 Prozent.

**»Ein mäßiges Problem«** liegt dann vor, wenn es in weniger als 50 Prozent der Zeit mit einer Intensität und Stärke vorliegt, die jemand in der alltäglichen Lebensführung stört und es in den letzten 30 Tagen gelegentlich auftrat. Mögliche Beschreibungen: Zum Beispiel das Problem ist mäßig ausgeprägt (mittel, ziemlich etc.) 25 bis 49 Prozent.

**»Ein schweres Problem«** besteht dann, wenn jemand Dinge nicht so gut oder gar nicht gut kann. Es liegt eine erhebliche Beeinträchtigung vor, wenn das Problem mehr als 50 Prozent der Zeit mit einer Stärke und Intensität die tägliche Lebensführung der Person teilweise unterbricht und es in den letzten 30 Tagen häufig auftritt. Mögliche Beschreibungen: Zum Beispiel das Problem ist erheblich ausgeprägt (hoch, extrem, äußerst etc.) 50 bis 95 Prozent.

**»Eine vollständige Beeinträchtigung oder ein vollständiges Problem«** liegt dann vor, wenn das Problem in mehr als 95 Prozent der Zeit mit einer Intensität und Stärke vorliegt, die die tägliche Lebensführung der Person nahezu vollständig unterbricht und in den letzten 30 Tagen täglich aufgetreten ist. Mögliche Beschreibungen: Zum Beispiel das Problem ist voll ausgeprägt (vollständig, komplett, total etc.) 96 bis 100 Prozent.

# Das bio-psycho-soziale Modell als Grundlage

Der ICF liegt ein sogenanntes bio-psycho-soziales Modell zu Grunde und versteht darunter die Einbeziehung der Umweltfaktoren und deren Einfluss auf die betreffende Person. Dazu hat sie analog zum Katalog der Lebensbereiche eine umfassende Sammlung von möglichen Umweltfaktoren zusammengetragen. Sie bilden die materielle, soziale und einstellungsbezogene Umwelt ab, in der Menschen leben und ihr Dasein entfalten. Dem liegt die Erkenntnis zugrunde, dass der Mensch immer in Wechselwirkung zu seiner Umwelt steht und er daher in allen seinen Lebensbereichen in diesem Zusammenhang betrachtet werden muss.

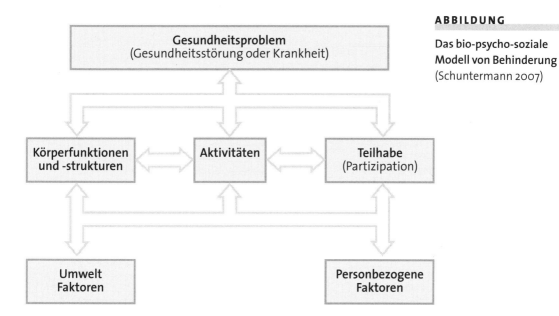

**ABBILDUNG**

Das bio-psycho-soziale Modell von Behinderung (Schuntermann 2007)

Die Leitgedanken und Motivation zur Sammlung der Einflussfaktoren lauten: Wer oder was steht mit der betroffenen Person in Wechselwirkung? Was fördert sie, was stellt eine Barriere da? Gibt unterstützende Beziehungen? Helfen bereits Produkte und Technologien bei einer verbesserten Teilhabe? Welchen Einfluss haben Einstellungen der Menschen aus dem sozialen Umfeld? Welche Bedeutung haben die Arbeit- und Beschäftigungsfelder? In welcher Art und Weise treten sie in Beziehung? Welchen Einfluss hat das Lebensmilieu?

# Umweltfaktoren

Um die Auswirkungen der Umweltfaktoren analog der Einschätzung zum Schweregrad der Probleme vorzunehmen werden Kriterien zur Orientierung, Bezeichnung und Beschreibung zur Bedeutung und Auswirkung dieser Umweltfaktoren angeboten. Um genauer unterscheiden zu können, wurden die Beschreibungen um Prozentangaben ergänzt. Die Angaben in Prozent beziehen sich auf das Ausmaß der möglichen Barrieren und Förderfaktoren.

Leitfragen können dafür sein:

- Wie umfassend wirkt sich der Umweltfaktor auf das Leben des Menschen aus?
- Schränkt er das Leben des Menschen zum Beispiel mäßig oder leicht ein?
- Welcher Umweltfaktor genau fördert ihn? Welcher hindert ihn sein Leben so zu gestalten, wie es für ihn möglich wäre?
- Wie stark ausgeprägt ist der Förderfaktor?
- Wie stark ausgeprägt ist die Barriere?

## Umweltfaktoren als Barriere oder Förderfaktor

### Barrieren, Hindernisse, Teilhabeeinschränkung

- Barriere nicht vorhanden (ohne, kein, unerheblich etc) 0 bis 4 Prozent
- Barriere leicht ausgeprägt (schwach, gering etc.) 5 bis 24 Prozent
- Barriere mäßig ausgeprägt (mittel, ziemlich etc.) 25 bis 49 Prozent
- Barriere erheblich ausgeprägt (hoch, äußerst etc.) 50 bis 95 Prozent
- Barriere voll ausgeprägt (komplett, total etc.) 96 bis 100 Prozent

### Förderfaktoren

- Förderfaktor nicht vorhanden (ohne, kein, unerheblich etc.) 0 bis 4 Prozent
- Förderfaktor leicht ausgeprägt (schwach, gering etc.) 5 bis 24 Prozent
- Förderfaktor mäßig ausgeprägt (mittel, ziemlich etc.) 25 bis 49 Prozent
- Förderfaktor erheblich ausgeprägt (hoch, äußerst etc.) 50 bis 95 Prozent
- Förderfaktor voll ausgeprägt (komplett, total etc.) 96 bis 100 Prozent

Die von der ICF vorgenommene Sichtweise und die Kriterien können sinnvoll der Einschätzung des individuellen Hilfebedarfs im Rahmen individueller Hilfeplanung dienen. Sie sind daher als Arbeitsmaterial Bestandteil dieser Arbeitshilfe.

### Personenbezogene Faktoren

Personenbezogene Faktoren versteht die ICF als Prägung des Menschen in den verschiedenen Entwicklungsphasen (Alter, Alterung), über Anlagen (genetische Faktoren), körperliche Erscheinung (Physis), geistige und seelische Eigenschaften (Psyche) und Einbindung in konkrete Lebensumstände (Biographie, Soziodemographie). Sie werden in der ICF nicht klassifiziert, weil sich die Expertengruppe nicht auf eine einheitliche Klassifikation einigen konnte. Über ihre Relevanz besteht allerdings Einigung und sie sollen berücksichtigt werden.

# Lebensbereiche bei Hilfeplanung und ICF

Gemäß der Empfehlung der ICF ergeben sich aus den Informationen Kriterien um die Lebenssituation eines Menschen mit Hilfebedarf umfassend und individuell beurteilen und einschätzen zu können. Das ist auch das Anliegen der individuellen Hilfeplanung. Ob in der Pflege, der Eingliederungshilfe oder in Reha-Einrichtungen – überall sind Instrumente entwickelt worden um die Menschen genauer zu verstehen und die Hilfen individuell gestalten zu können. Die ICF kann zu einer Annäherung unterschiedlicher Kriterien beitragen. Der Datensatz der ICF bildet deswegen die Grundlage der Checklisten zu den Lebensbereichen in dieser Arbeitshilfe.

Auch wenn es regional unterschiedliche Hilfepläne gibt, wird der Hilfebedarf weitgehend in der Reihenfolge der fünf Lebensbereichen beschrieben:
- Wohnen
- Arbeit
- Freizeit
- soziale Beziehungen
- Gesundheit

Die Domänen und die in ihnen zugeordneten Aktivitätsbereiche der ICF sind allerdings anders geordnet als diese Lebensbereiche in der Hilfeplanung. Die funktionale Gesundheit des Menschen steht im Vordergrund und nicht die anderen Aspekte. In der ICF finden sich drei Gruppen der Klassifikationen für die Beurteilung der Gesundheit eines Menschen:

- Klassifikationen der Körperfunktionen
- Klassifikationen der Körperstrukturen
- Klassifikationen der Aktivitäten und Partizipation

Die für die individuelle Hilfeplanung notwendigen und relevanten Themen finden sich aber fast alle im Katalog der Klassifikationen der Aktivitäten und Partizipation, teilweise in der Klassifikation der Körperfunktionen und nicht wirklich anwendbar in der Klassifikation zu den Körperstrukturen. Sie sind sozusagen in der Logik der jeweiligen Kapitel »versteckt«. Die für die Hilfeplanung relevanten Themen sind in den folgenden Kapiteln der ICF Klassifikation zu finden und in den Arbeitsmaterialen dieser Arbeitshilfe berücksichtigt:

- Klassifikation der Körperfunktionen
  - mentale Funktionen
  - Sinnesfunktionen und Schmerz

- Klassifikation der Aktivitäten und Partizipation
  - Lernen und Wissensanwendung
  - allgemeine Aufgaben und Anforderungen
  - Kommunikation
  - Mobilität
  - Selbstversorgung
  - häusliches Leben
  - interpersonelle Interaktionen und Beziehungen
  - bedeutende Lebensbereiche
  - Gemeinschafts-, soziales und staatsbürgerliches Leben

Wie die ICF-Aktivitätsbereiche an die Lebensbereiche der Hilfeplanung angepasst wurden, geht aus den Überschriften der Checklisten hervor, die als Arbeitsmaterialien 2.2 bis 2.6 auf der beiliegenden CD zu finden sind.

Ziel der Zuordnung der Aktivitätsbereiche der ICF an die fünf Lebensbereiche der Hilfeplanung ist es, die ICF nutzen zu können und den gewohnten Prozess der individuellen Hilfeplanung zu erleichtern.

**BEISPIEL**   Arbeitsmaterial 2.2: Checkliste Wohnen

## 2.2.1 ICF: Selbstversorgung

Diese Checkliste befasst sich mit der eigenen Versorgung, dem Waschen, Abtrocknen und der Pflege des eigenen Körpers und seiner Teile, dem An- und Ablegen von Kleidung, dem Essen und Trinken und der Sorge um die eigene Gesundheit. Hier findet sich etwa der Aktivitätsbereich des ICF die Selbstversorgung mit dem Beispiel »d510 Sich waschen« wieder.

**d510 Sich waschen**

Den ganzen Körper oder Körperteile mit Wasser und geeigneten Reinigungs- und Abtrocknungsmaterialien oder -Methoden zu waschen und abzutrocknen, wie baden, duschen, Hände, Füße, Gesicht und Haare waschen und mit einem Handtuch abtrocknen.

In den Checklisten wurden nur die Hauptüberschriften der ICF (z. B. »Sich waschen«) verwendet und die Details (»Körperteile waschen«) der individuellen Beschreibung überlassen. Bei Unsicherheit können Leserinnen und Leser die vollständige Version des ICF hinzuzuziehen.

## 2.2.2 ICF: Häusliches Leben

Die Checkliste befasst sich mit häuslichen und alltäglichen Handlungen und Aufgaben. Diese umfassen die Beschaffung von Wohnung, Lebensmitteln, Kleidung und anderen Notwendigkeiten, Reinigungs- und Reparaturarbeiten im Haushalt, die Pflege von persönlichen und anderen Haushaltsgegenständen, die Hilfe für andere und – siehe unten – dem Umgang mit Finanzen (2.2.3 ICF: Wirtschaftliches Leben). Beispiel:

**d610 Wohnraum beschaffen**

Ein Haus, ein Appartement oder eine Wohnung zu kaufen, zu mieten, zu möblieren und die Möbel aufzustellen.

## 2.2.3 ICF: Wirtschaftliches Leben
## (dem Kapitel bedeutende Lebensbereiche entnommen)

Diese Checkliste befasst sich mit dem Umgang mit Finanzen. Ein Punkt ist z. B.:

**d860 Elementare wirtschaftliche Transaktionen**

Sich an jeder Form einfacher wirtschaftlicher Transaktionen zu beteiligen, wie Geld zum Einkaufen von Nahrungsmittel benutzen oder

Tauschhandel treiben, Güter oder Dienstleistungen austauschen oder Geld sparen. ✘

**BEISPIEL** **Arbeitsmaterial 2.4: Freizeit und Kultur**

## ICF: Gemeinschafts-, soziales und staatsbürgerliches Leben, Teilhabe

Diese Checkliste befasst sich mit Handlungen und Aufgaben, die für die Beteiligung am sozialen Leben außerhalb der Familie, in der Gemeinschaft sowie in verschiedenen sozialen und staatsbürgerlichen Lebensbereichen erforderlich sind. Einzelne Punkte sind z. B.:

**d910 Gemeinschaftsleben**

Sich an allen Aspekten des gemeinschaftlichen sozialen Lebens zu beteiligen, wie in Wohlfahrtsorganisationen, Dienstleistungsvereinigungen oder professionellen Sozialorganisationen mitzuwirken (informelle und formelle Vereinigungen; Feierlichkeiten)

**d920 Erholung und Freizeit**

Sich an allen Formen des Spiels, von Freizeit- oder Erholungsaktivitäten zu beteiligen, wie an Spiel und Sport in informeller oder organisierter Form, Programmen für die körperliche Fitness, Entspannung, Unterhaltung oder Zerstreuung; Kunstgalerien, Museen, Kino oder Theater besuchen, Handarbeiten machen und Hobbys frönen, zur Erbauung lesen, Musikinstrumente spielen; Sehenswürdigkeiten besichtigen, Tourismus- und Vergnügungsreisen machen. (Spiel, Sport, Kunst und Kultur, Kunsthandwerk, Hobbys und Geselligkeit) ✘

# Menschen mit Hilfebedarf:
# Wie können sie dazu beitragen,
# dass individuelle Hilfeplanung gelingt?

Die Hilfeplanung widmet sich dem Anliegen, Menschen mit wesentlichen Beeinträchtigungen die Teilhabe am gesellschaftlichen Leben zu ermöglichen. Das geschieht am einfachsten, wenn der Betreffende selber daran Interesse hat. Er kann das Wichtigste dazu beitragen: seine Bereitschaft zu Kontakt und Kommunikation. In den Hilfeplangesprächen geht es um ihn, er ist die wichtigste Person. Je mehr es dem Betroffenen gelingt, seine eigenen Sichtweisen und Wünsche zum Ausdruck zu bringen, umso eindeutiger kann ver- und gehandelt werden.

Er hat grundsätzlich die Verantwortung für sich selbst. Auch wenn andere Menschen aus dem Lebensumfeld an der Hilfeplanung beteiligt sind, heißt das nicht, dass das, was die Angehörigen oder die Professionellen meinen, auch richtig sein und so umgesetzt werden muss. Andere Meinungen zu berücksichtigen, bedeutet eine Erweiterung der Perspektiven.

## Sich aktiv beteiligen

Das SGB IX sieht die Gesellschaft in der Pflicht die »Selbstbestimmung und gleichberechtigte Teilhabe am Leben in der Gesellschaft zu fördern, Benachteiligung zu vermeiden oder ihnen entgegenzuwirken.« Eine gute Voraussetzung dafür ist es, wenn der Mensch mit Hilfebedarf sich aktiv daran beteiligt. Dazu gehört in erster Linie die Erstellung des Hilfeplans, aber auch die Teilnahme an der Hilfeplankonferenz. In allen Hilfeplänen gibt es aber auch die Möglichkeiten, die Sichtweise des Menschen mit Hilfebedarf mit eigenen Worten aufzunehmen und diese aus fachlicher Sicht zu kommentieren.

**BEISPIEL** Thomas Richter hat sich mit Unterstützung seiner Betreuerin und seiner Mutter aktiv an der Hilfeplanung beteiligt. Nicht nur seine Wünsche und Ziele wurden im Hilfeplan aufgenommen, auch seine spezielle Ausdrucksweise hat Eingang gefunden: »Also mein Zimmer mach ich selber. Spülen kann ich gut und jedenfalls schon aufräumen. Geschirr in den Schrank tun und Spülmaschine einräumen. Ich kann auch Küche putzen. Badezimmer hab ich auch schon gemacht. Auch die Treppe putzen. In mein Zimmer tu ich meistens auch Staub putzen. Sonst hab ich keine Probleme.« ✗

Das ist nicht allen so einfach möglich. Daher muss berücksichtigt werden, dass jeder seinen Hilfebedarf in seiner individuellen Art formulieren kann. Sollte er aufgrund seiner Lebenssituation dazu nicht in der Lage sein, können das ersatzweise Menschen aus seinem Lebensumfeld in seinem Beisein und in seinem Interesse für ihn tun. Auch diejenigen, denen es nicht gegeben ist, sich sprachlich auszudrücken, haben Wünsche, Ziele und Bedürfnisse. Sie können beispielsweise mit Gestik, Mimik, Stummheit oder uns sonderbar erscheinende Verhaltensweisen kommunizieren.

Manchmal können die Wünsche der Menschen mit Hilfebedarf paradox, nicht durchführbar oder provokant sein und den notwendigen Hilfemaßnahmen widersprechen. Dabei kann gerade die Auseinandersetzung mit unrealistischen Wünschen die Hilfemaßnahme bereichern.

**TIPP**

Für die Überwindung von Sprachbarrieren, zum Entwickeln einer barrierefreien Kommunikation und für die Verwendung einer einfachen Sprache gibt es Materialien im Internet unter www.people1.de.

Nicht allen scheint es zunächst möglich zu sein, sich aktiv an der Hilfeplanung zu beteiligen. Möglich und sinnvoll ist es jedoch, auf ihre ganz spezifische Sichtweise in den Gesprächen, im Hilfeplan und in der Hilfeplankonferenz einzugehen und diese zu berücksichtigen. Erfahrungen des Landschaftsverbandes Rheinland zeigen, dass dies mit entsprechenden Hilfsmitteln auch für Menschen möglich ist, die eine eigene Sprache und Kommunikationsform entwickelt haben oder sich verbal nicht äußern können. Ein entsprechender Methodenkoffer dient dazu, Erfahrungen, Wünsche und Ziele spielerisch auszudrücken.

**TIPP**

Führen Sie Hilfeplangespräche im Beisein des Menschen mit Hilfebedarf durch, auch wenn er sich verbal nicht äußern möchte oder kann.

In aller Regel gibt es Personen, die den Menschen mit Hilfebedarf gut kennen und die in der Lage sind, stellvertretend den Hilfebedarf zu formulieren. Das können Angehörige, Freunde oder professionelle Mitarbeiter sein. Bei der Erstellung des individuellen Hilfeplans sollten sie deswegen beteiligt werden.

Formulieren Sie ersatzweise den Hilfebedarf, sollte es zum fachlichen Standard gehören, genau zu beobachten, ob die Hilfemaßnahmen tatsächlich den Wünschen des Menschen mit Hilfebedarf entsprechen. Das persönliche Tempo Inhalte zu verstehen, der Kommunikation zu folgen und sich äußern zu können, muss besonders beachtet werden.

**BEISPIEL**  2002 nahm der Wohnbereichsleiter des gemeindepsychiatrischen Zentrums Herr Schneider Kontakt zu Herrn Minh auf, der sich seit vielen Monaten in klinisch stationärer Behandlung befand. Herr Minh kommt aus Vietnam und war einer der Boatpeople. Integrationsversuche in die Gemeinde scheiterten. Er veränderte sich zunehmend und letztlich wurde eine dauerhaft verlaufende Psychose diagnostiziert. Während seiner Klinikaufenthalte entschied er sich, nicht mehr zu sprechen. Die Aufnahme in ein Wohnheim wurde empfohlen, weil er sich unter Vernachlässigung seiner alltäglichen Fähigkeiten isolierte. Gemeinsam mit der Klinik organisierte Herr Schneider ein Hilfeplangespräch, an dem auch die Pflegekräfte beteiligt waren, die Herrn Minh während seines Klinikaufenthalts kennengelernt hatten. Er hatte bereits eine gesetzliche Betreuerin, die ihn noch aus der Zeit kannte, in der er gesprochen hat und die ebenfalls an den Gesprächen teilnahm. Herr Minh äußerte sich in den Gesprächen lediglich durch Mimik und Gestik, an denen jedoch erkennbar war, ob er einverstanden war oder nicht. In der Folge bezog er ein Zimmer des Wohnheims und wechselte später innerhalb des Wohnbereiches in eine eigene Wohnung. Nach zunehmender Stabilisierung wurde ihm im Frühjahr 2008 das von ihm bewohnte Appartement untervermietet. Er lebt seither im Wohnverbund und wird mit fünf Fachleistungsstunden pro Woche beim selbstständigen Wohnen unterstützt. Herr Schneider und das für Herrn Minh tätige Team führen regelmäßig mit ihm Hilfeplangespräche durch, die sich noch immer an dem Hilfeplan von 2002 orientieren. Herr Minh hat seither kein Wort mit den professionellen Mitarbeitern gesprochen, telefoniert jedoch regelmäßig mit einer Cousine in Vietnam. ✖

 **Risiken und Nebenwirkungen**

Der Einfluss und die Macht der Angehörigen und Professionellen auf und über die Menschen mit Hilfebedarf, die in ihrer Kommunikationsfähigkeit beeinträchtigt sind, ist groß. Sie können die notwendige Zeit für die Artikulation der nur langsam formulierten Wünsche und Entscheidungen der Betroffenen leicht missachten.

**Fazit**

Aktive Beteiligung ist unumgänglich, um der Hilfeplanung die Richtung zu geben, die im persönlichen Anliegen des Betroffenen liegt. Sie muss grundsätzlich ermöglicht und gefördert werden.

Auch wenn der Mensch mit Hilfebedarf sich nicht äußern kann oder möchte, ist es über den Einbezug und Austausch der Sichtweise relevanter Personen möglich, zu einem eindeutigen Auftrag zu kommen.

**DOKUMENTATION**

Am Beispiel des Hilfeplans von Frau Benn auf der CD erkennen Sie mit der Aufteilung in zwei Spalten, ihre eigene Sichtweise und die fachliche. Wenn die Sichtweise des Menschen mit Hilfebedarf nicht zum Ausdruck kommt, muss dies begründet werden.

# Unterstützung annehmen und Selbstbestimmung erhalten

**TIPP**

Bestandteil von Selbstbestimmung ist es, wenn alle Informationen zur Hilfeplanung für den Betreffenden verständlich sind und er darüber selber verfügt.

Unterstützung anzunehmen ist nicht immer einfach, setzt das doch voraus, über eigene Unzulänglichkeiten zu reden, sie sich und anderen einzugestehen. Aber auch Selbstbestimmung zu erhalten oder zu gewinnen, ist nicht einfach, wenn man andere hat, auf die man sich verlassen kann.

Eine wesentliche Voraussetzung, um hilfreiche Maßnahmen zu vereinbaren, ist es jedoch, bereit und offen für Unterstützung zu sein. Das, was der Mensch mit Hilfebedarf selber kann, soll er auch weiterhin selber tun und das, was er potenziell tun kann, sollte gemeinsam entwickelt werden.

**DOKUMENTATION**

Die Maßnahmen zur Selbstbestimmung sollten in den entsprechenden Spalten des Hilfeplans unter Verwendung des eigenen Wortschatzes des Menschen mit Hilfebedarf aufgenommen werden.

Professionelle Helfer können nicht ersatzweise für die Menschen mit Hilfebedarf etwas wollen oder wünschen. Sie sollten deswegen genau darauf achten, was tatsächlich in ihrem eigenen Interesse ist und was von außen herangetragen wird.

**BEISPIEL**    In der Haltung von Frau Benn drückte sich trotz (oder auch wegen) extremer psychischer Störungen und Beeinträchtigungen ein starker Wunsch nach Selbstbestimmung aus. Sie beharrte darauf, nicht in ein Heim zu wollen. Die Verhandlung im Rahmen der Hilfeplanung über Vereinbarungen und Regeln wurde häufig kontrovers und emotional geführt. Sie konnte nicht alle professionellen Helfer überzeugen, setzte aber letztendlich durch, dass sie mit ambulanter Unterstützung heute zufrieden in ihrer eigenen Wohnung leben kann.  **✘**

## ✋ Risiken und Nebenwirkungen

Wenn zu viele Menschen für einen nur das Beste wollen, können eigene Wünsche und Ziele unklar bleiben. Nimmt man zu viel und dauerhaft Hilfe und Unterstützung in den Bereichen in Anspruch, wo sie nicht unbedingt nötig sind, führt dies zum Verlust von Motivation, Eigenständigkeit und Selbstbestimmung. Zuviel Hilfe kann abhängig machen, Über- oder Unterforderung und kann zu Frustration führen.

### Fazit

Alle Hilfemaßnahmen sind nur solange gut, wie der Mensch mit Hilfebedarf sie annehmen kann.

# Ressourcen aktivieren

Jeder Mensch hat Stärken und Fähigkeiten. Hilfen und Unterstützungen dienen dazu, sie zu erhalten und zu fördern. Wenn Unterstützung angenommen wird, können auch Fähigkeiten aktiviert werden, die möglicherweise zunächst nicht erwartet wurden. Solche Ressourcen sollten in der Hilfeplanung erkannt und aktiviert werden.

**BEISPIEL** Thomas Richter fährt gerne mit dem Zug, und regelmäßig besucht er seinen Vater, der von seiner Mutter geschieden ist, in der nächsten Stadt. Solange er Zuhause gewohnt hat, wurde er von seiner Mutter zum Bahnhof gebracht und wieder abgeholt. Als Ziel wurde in seinem Hilfeplan formuliert, dass er lernen soll, Fahrpläne zu lesen und sich ohne Begleitung auf den Weg zu machen. Nach wenigen Wochen Begleitung durch seine Betreuerin zum Bahnhof hat er nicht nur seinen Vater alleine besucht, sondern auch ausgedehnte Zugfahrten in der Region unternommen. ✖

 **Risiken und Nebenwirkungen**
Ressourcen nicht zu nutzen bedeutet Stillstand und kann zu Abhängigkeiten führen.
**Fazit**
Die Nutzung eigener Ressourcen führt zu Unabhängigkeit und verändert das gewohnte Lebensumfeld.

**DOKUMENTATION**

In allen Hilfeplänen werden Angaben zu den Ressourcen, Stärken und Fähigkeiten erfragt. Vergleichen Sie dazu die Punkte III und VII des Hilfeplans von Frau Benn auf der CD.

# Fähigkeiten zur Selbsthilfe und Hilfe aus dem sozialen Umfeld vorrangig beachten

Grundsätzlich gilt, dass das, was ein Mensch mit Hilfebedarf in und mit seinem Umfeld selbstständig tun kann, er auch weiterhin tun sollte. Wenn er trotzdem Unterstützung benötigt, kann er familiäre Hilfe oder Hilfe von Freunden und Nachbarn nutzen. In der Hilfeplanung spricht man von Selbsthilfepotenzial, das Vorrang gegenüber professioneller Hilfe der Einrichtungen und Dienste hat. Bekommt jemand bereits Unterstützung von Angehörigen, Freunden oder Nachbarn, und ist diese Hilfe sinnvoll, gibt es in der Regel keinen Grund diese nicht zu nutzen, auch wenn zusätzlich professionelle Hilfe in Anspruch genommen werden muss.

**TIPP**

Nutzen Sie die Hinweise auf Internetseiten am Ende der Arbeitshilfe und geben sie die Informationen weiter.

**DOKUMENTATION**

In dem Musterhilfeplan von Frau Benn auf der CD finden Sie entsprechende Angaben im Basisbogen, Seite 1 »Erstellt von der antragstellenden bzw. leistungsberechtigten Person unter Beteiligung von …«, Seite 2 »Leistungen anderer Leistungsträger« und im Hilfeplan unter Punkt VII: »Was weiter wichtig ist«, sowie »Fragen zur bisherigen Erfahrung«, Punkt XI »Wer soll das tun?«

Den Einrichtungen und Diensten muss bewusst sein, dass die Inanspruchnahme von Hilfen nach wie vor stigmatisierend wirken kann. Bevor sie in Anspruch genommen werden, sollte deswegen gründlich geprüft werden, ob nicht andere Hilfen (Familie, Nachbarn, Pflegedienste, Tages-, Kontakt- und Beratungsstellen, Selbsthilfe- und Angehörigengruppen) vorrangig genutzt werden können. Gerade in den letzten Jahren sind mehr und mehr Selbsthilfeinitiativen entstanden. Der Austausch mit Gleichgesinnten vermittelt das Gefühl, nicht alleine zu sein, fördert den Kontakt, die Kommunikation und verhilft nicht selten zu unerwarteten Lösungen.

Hilfen aus dem sozialen Umfeld können in allen Lebensbereichen stattfinden. Daher ist es wichtig, möglichst früh Personen aus dem sozialen Umfeld in die Hilfeplanung einzubeziehen. Alles was sie tun, sollte im Hilfeplan festgeschrieben werden. Das ist wichtig, weil damit der Hilfebedarf in seinem ganzen Umfang deutlich wird.

**BEISPIEL**    Nach einem Verkehrsunfall litt Herr Köster unter einem hirnorganischen Psychosyndrom. Sein Kurzzeitgedächtnis war ihm abhandengekommen. Wenn er spontan in Verzweiflungszustände kam, wurde er wütend und warf mit Gegenständen. Er wollte auf keinen Fall in ein Heim. Wegen seiner starken Beeinträchtigungen musste er aufwendige Hilfen in Anspruch nehmen, um seinen Alltag zu regeln. In die Hilfeplanung wurden seine gesetzliche Betreuerin und seine Tante einbezogen. Nachdem sein Hilfebedarf ermittelt wurde, erklärt seine Tante sich bereit, ihn an den Wochenenden zu sich zu nehmen. Sie kümmerte sich um seine Körperpflege und seine Kleidung, besuchte mit ihm zusammen Cafés, sie gingen zusammen ins Kino oder schauten fern. Herr Kösters Tante wurde dafür nicht bezahlt. Manchmal überlies die gesetzliche Betreuerin ihr einen Teil seiner Rente zum Einkauf von Kleidung, meistens zahlte sie jedoch zu.

Seine Wohnung lag in unmittelbarer Nähe einer Wohngruppe des Wohnverbundes. Wenn er in eine Verzweiflungssituation geriet, fand er dort Ansprechpartner für den Krisenfall. Außerdem hatte er die Möglichkeit, Kontakte zu anderen Menschen zu knüpfen und an Gruppenaktivitäten teilzunehmen. Für sieben Stunden die Woche fand professionelle Hilfe zum selbstständigen Wohnen in seiner Wohnung statt. Morgens und abends kam ein Pflegedienst und brachte ihm die Medikamente. Nachdem seine Tante verstarb, erwies sich sein Hilfebedarf als dauerhaft zu hoch. Er musste gegen seinen Willen in einen Heimbereich umziehen. ✖

**Risiken und Nebenwirkungen**

Hilfen der Einrichtungen und Dienste können stigmatisierend wirken. Man wird zu einem »Hilfeempfänger«, und erlebt die Teilhabe am gesellschaftlichen Leben aus einer Sonderrolle.

Hilfen können auch zu Unselbstständigkeit führen, wenn die professionellen Helfer zu schnell bereit sind, alle Hilfen anzubieten, ob sie notwendig sind oder nicht. Andererseits sind auch nicht alle Angehörigen oder Freunde für die Entwicklung des Menschen mit Hilfebedarf hilfreich. Überbehütung oder nicht loslassen können, können seine persönliche Entwicklung einschränken. Positive Veränderung ist häufig erst bei Distanz möglich oder wenn auch die Familienmitglieder bereit sind, sich über Probleme auszutauschen. Die Mitarbeiter der Einrichtungen und Dienste sollten diesen Prozess anstoßen und begleiten.

**Fazit**

Der Betroffene ist grundsätzlich sein eigener Experte. Er weiß, was er kann und was er nicht kann. Der Austausch in Selbsthilfeinitiativen erweitert das eigene Verstehen.

Der Mensch mit Hilfebedarf sollte nur die professionelle Hilfe bekommen, die er tatsächlich benötigt. Sind nahestehende Personen zur Übernahme von Hilfen bereit und wirken sich diese positiv aus, sollten sie berücksichtigt und beteiligt werden.

# Hilfen wieder loslassen können

Im Hilfeplan werden Ziele und Maßnahmen benannt, die für die Bewältigung der aktuellen Lebenssituation notwendig sind. Das heißt nicht, dass das auf ewig gilt. Wenn einzelne Ziele aus dem Hilfeplan erreicht wurden, ist es wichtig, die Hilfen auch wieder loszulassen.

Die Hilfen zu überprüfen, ist eine Absicht bei der regelmäßigen Überprüfung des Hilfeplans. Das kann zur Konsequenz haben, dass bestimmte Maßnahmen entfallen und der Umfang der Hilfen reduziert wird. Ziel ist es, dass der Mensch mit Hilfebedarf die Hilfe dazu genutzt hat, einen Teil seines Lebens eigenständig regeln zu können. Bis zu dem Zeitpunkt, wo er ganz ohne Unterstützung sein Leben (wieder) selbst in die Hand nehmen kann, um mit den erlernten oder wiederentdeckten Fähigkeiten einen neuen Platz in der Gesellschaft zu finden.

**DOKUMENTATION**

Hilfen wieder loslassen zu können ist systemimmanent. Dies wird mit den entsprechenden Zeitangaben im Hilfeplan dokumentiert. Damit wird auch die mögliche Beendigung der Hilfen festgelegt.

**BEISPIEL**    Thomas Richter kommt entgegen der Befürchtung seiner Mutter mit der Haushaltsführung in der eigenen Wohnung inzwischen ganz gut alleine zurecht. Seine Betreuerin hat über einige Monate mit ihm gemeinsam einen Essensplan gemacht, mit ihm dafür eingekauft, und sie haben gemeinsam festgelegt, dass das Bad jede Woche geputzt werden soll. Für die Betreuung in der Haushaltsführung wurden im Hilfeplan zwei Stunden pro Woche festgelegt. Nachdem Thomas Richter sich inzwischen mit großem Spaß Rezepte selber sucht, dafür alleine einkauft und sie ihn nur noch selten daran erinnern muss, das Bad zu putzen, braucht er in diesen Bereichen keine Unterstützung mehr. Die Fachleistungsstunden für die Haushaltsführung konnten bei der Überprüfung des Hilfeplans nach einem Jahr auf eine halbe Stunde reduziert werden.  ✖

 **Risiken und Nebenwirkungen**
Mehr Selbstständigkeit und Selbstbestimmung können dazu führen, dass man einen vertrauten Helfer verliert. Mit mehr Eigenständigkeit kann lieb gewonnene Bequemlichkeit verloren gehen. Lernt man nicht, Hilfen auch wieder loslassen zu können, verstärkt das dauerhaft die Unselbstständigkeit.

**Fazit**
Das Erlangen von Selbstständigkeit und Selbstbestimmung führt zur Erhöhung des Selbstwertgefühls. Das verändert die eigene Rolle und führt zu mehr Teilhabe am gesellschaftlichen Leben.

# Angehörige und Freunde: Wie können Sie dazu beitragen, dass individuelle Hilfeplanung gelingt?

Die Grafik in der Einleitung macht deutlich, wie nahe Angehörige und Freunde den Menschen mit Hilfebedarf stehen. Ihr Einfluss auf ihr Leben ist sehr groß und wird häufig unterschätzt. Ziel der Hilfeplanung sollte es sein, sie einzubeziehen. Ihre persönlichen Erfahrungen sind »Expertenwissen«, ihre Erfahrungen und Hinweise sollten deswegen vorrangig beachtet werden. Das kann zu neuen Formen der Zusammenarbeit führen.

Angehörige und Freunde in den Hilfeplanprozess einzubeziehen, ist fachlich notwendig. Denn ihre Erfahrungen, Ideen, Wahrnehmungen, Perspektiven und ihre fortgesetzte Beteiligung am Leben des Menschen mit Hilfebedarf sind von großer Bedeutung. Die professionellen Helfer können dazu beitragen, dass auch die Beziehungen der Menschen des sozialen Netzes Hilfe und Veränderungen erfahren können, wie der Mensch mit Hilfebedarf selbst. Eine grundlegende Aufgabe besteht daher darin, von sich aus offen und offensiv auf die Einrichtungen und Dienste zuzugehen oder ihnen Unterstützung anzubieten.

## Ansprechbar sein und in Kontakt bleiben

Die wichtigste Aufgabe von Angehörigen und Freunden besteht darin, ansprechbar zu sein (auch, wenn es Probleme gibt) und in Kontakt zu bleiben. Wenn der Mensch mit Hilfebedarf nicht an das professionelle Hilfesystem »abgegeben« werden soll, sondern sie an der Entwicklung seiner Persönlichkeit teilhaben möchten, sollten sie sich auch an der Hilfeplanung beteiligen und sich in den Einrichtungen engagieren. Denn nicht alles, was die Einrichtungen und Dienste anbieten, benötigt der Mensch mit Hilfebedarf. In den Bereichen, in denen er in seinem sozialen Umfeld positive Unterstützung erfährt, sollte das auch weiterhin erfolgen.

**BEISPIEL**   Frau Adam leidet unter einer schweren Depression. Ihre Erkrankung ist derart ausgeprägt, dass ein selbstständiges Wohnen in der eigenen Wohnung nicht mehr möglich ist. Ihre zwei erwachsene Kinder waren an der Hilfeplanung beteiligt. Als Frau Adam in ein Wohnheim für Menschen mit psychischer Erkrankung eingezogen ist, haben sie ihrer Mutter bei der Einrichtung und Ausstattung ihres Zimmers geholfen. Auch in der Folge besuchen sie ihre Mutter regelmäßig, rufen sie einmal in der Woche an, sind erreichbar, wenn es ihr schlecht geht, und nehmen an den regelmäßigen Hilfeplangesprächen teil. **✖**

 **Risiken und Nebenwirkungen**

Zu viel Zuwendung, Engagement und Beteiligung kann auch bedeuten, nicht loslassen zu können, obwohl Distanz möglicherweise sinnvoll ist und eine vorübergehende klare Trennung hilfreich sein kann. Die Beteiligung von Angehörigen und Freunden kann auch zu Rivalität und Konkurrenz mit professionellen Helfern führen.

**Fazit**

Ohne die Beteiligung von Angehörigen ist eine erfolgreiche Hilfeplanung nicht möglich. Zwischen zu viel und zu wenig Beteiligung muss die richtige Balance gefunden werden. Ist sie gefunden, kann ihr aktiver Beitrag die Hilfeplanung bereichern.

# Für sich selbst sorgen

Das ganze Familienleben kann unter den Auswirkungen von Erkrankung, Behinderung oder Besonderheiten eines Familienmitglieds leiden, und als Angehöriger lebt man nicht selten an den Grenzen seiner Belastbarkeit. Man kann sich vom gesellschaftlichen Leben ausgegrenzt und benachteiligt fühlen. Angehörige kann die Situation emotional belasten, das Abgrenzen schwerfallen, manchmal fühlen sie sich schuldig und die Inanspruchnahme von Hilfe kann ihnen unangenehm sein: Sie können dies als persönliches Scheitern erleben, das eigene Selbstwertgefühl wird hinterfragt und bedroht.

**BEISPIEL**   In der Broschüre des Landschaftsverbandes Rheinland »Leben wie es uns gefällt« beschreiben die Eltern von vier schwer geistig und körperlich behinderten Jugendlichen, wie sie ihre Kinder 20 Jahre rund um die Uhr betreut haben und welche Belastung es für sie war: »Das haben wir gerne gemacht, das war aber auch enorm anstrengend und einschränkend. Es ist jetzt aber an der Zeit, dass wir uns auch wieder um ums selbst kümmern.« Ihre Kinder leben jetzt in einer Wohngemeinschaft in einem Haus der Lebenshilfe und erleben ein Stück Normalität. Die Eltern haben erst mit dem Loslassen die Erfahrung gemacht, dass sie in den letzten 20 Jahren das Leben ihrer Kinder »weitgehend bestimmt« und ihr eigenes eingeschränkt haben. ✗

Eine aktive und offene Beteiligung von Angehörigen an der Hilfeplanung kann sich positiv auf ihre Haltung und Lebenssituation auswirken. Über die Hilfeplangespräche können Probleme bewusst werden, die man vorher so nicht gesehen hat.

Es gibt Angehörigengruppen, in denen sich Angehörige über ihre Sorgen und Nöte austauschen. In den gemeinsamen Gesprächen werden Ideen und Lösungen entwickelt, ihre eigene Lebenssituation und die der Menschen mit Hilfebedarf zu verbessern. Manchmal wird man auf eigene persönliche Probleme aufmerksam und es kann der Wunsch nach Lösungen entstehen, um sich vor Überbehütung, Aufopferung, Verzweiflung und zu großer Belastung zu bewahren.

Auch wenn es gesellschaftlich noch nicht allgemein akzeptiert ist und man möglicherweise Stolz überwinden muss: Gesundheitsvorsorge bedeutet auch, für seine Zufriedenheit als Angehöriger zu sorgen. Oft können Gespräche mit einem Psychotherapeuten oder in einer Beratungsstelle zu mehr Bewusstsein über die eigene Situation und die eigenen Wünsche und Ziele führen.

**TIPP**

Informieren Sie sich, ob es Angehörigengruppen gibt, und geben Sie die Informationen weiter.

**BEISPIEL**  In den Hilfeplangesprächen erlebten die erwachsenen Kinder von Frau Adam Wechselbäder ihrer Gefühle. Sie stellten fest, dass sie sich oft schuldig an der psychischen Erkrankung ihrer Mutter fühlten und ihre Tochter übernahm mehr Verantwortung als notwendig. In der Angehörigengruppe wurde ihr nach und nach deutlich, in welchem Dilemma sie sich viele Jahre befand und ihr wurde bewusst, wie die Krankheit der Mutter ihre eigene Entwicklung beeinträchtigt hat. Nachdem sie geheiratet hatte und ihr erstes Kind zur Welt kam, litt auch sie zeitweise an Depressionen. Unterstützung fand sie zunächst in einer Selbsthilfegruppe, später bei einem Psychotherapeuten. Sie besuchte ihre Mutter weiterhin regelmäßig, lud sie nach Hause ein und ließ den Kontakt zu ihrem Enkelkind zu. Nach und nach wurden allen Beteiligten die Probleme und die Möglichkeiten der Beziehungsgestaltung deutlicher. ✗

**Risiken und Nebenwirkungen**

Das familiäre Leben, das möglicherweise schon länger durch den Umgang mit Störungen und Beeinträchtigungen geprägt ist, kann von den Einrichtungen, Diensten und Selbsthilfeorganisationen profitieren. Eine positive Nebenwirkung des Hilfeplanprozesses wäre es, wenn die Angehörigen lernen, einen entspannten, offenen, fairen und eindeutigen Umgang miteinander zu pflegen. Ein Risiko besteht darin, dass das familiäre Umfeld sich nur noch ausschließlich über die Auseinandersetzung mit den Besonderheiten ihres Angehörigen und die Einrichtungen und Dienste definiert. Die Familie kann sich damit aus dem »normalen« gesellschaftlichen Leben ausschließen.

**Fazit**

Nur der Austausch mit anderen (von der Selbsthilfegruppe bis zum Therapeuten) kann zu neuen Erkenntnissen und Veränderungen führen. Über eigene Kontakt- und Beziehungsprobleme Klarheit zu gewinnen, wirkt sich in der Regel positiv auf das soziale Umfeld aus. Sorge um die seelische Gesundheit ist gleichbedeutend mit der Sorge um das körperliche Wohlergehen.

# Nachbarn und Mitbürger: Wie können sie dazu beitragen, dass individuelle Hilfeplanung gelingt?

Unsere Zeit ist unter anderem durch das Bestreben von Selbstverwirklichung und Individualität geprägt, was nicht selten Vorrang vor dem Gemeinwohl hat. Das kann zu Entsolidarisierung und Ausgrenzung führen. Dabei belegen psychologische und wissenschaftliche Erkenntnisse, dass soziales Miteinander, Kommunikation und Gemeinschaft zur Gesunderhaltung und zu mehr Zufriedenheit führen. Kurz gesagt: Für andere da sein, hilft nicht nur anderen, sondern auch einem Selbst. Das gilt für alle, die auf Hilfe angewiesen sind, nicht nur für Bedürftige, sondern auch für Nachbarn, die für andere tätig werden können.

## Nachbarschaftshilfen anbieten und initiieren

Angehörige, Freunde und Nachbarn eignen sich in besonderer Weise für wechselseitige Hilfe. Besonders hilfreich ist es, wenn der Mensch mit Hilfebedarf in seiner Nachbarschaft, seinem unmittelbaren Lebensumfeld Verständnis und Unterstützung erfährt, die es ihm ermöglicht, dort zufrieden leben zu können.

**TIPP**

Häufig genügt ein Gespräch, eine Bitte oder eine Frage, um Nachbarn für soziales Engagement zu gewinnen.

Häufig bleibt es jedoch dem Zufall überlassen, ob Nachbarn Verantwortung füreinander übernehmen. Dabei könnten aktive Bürger in jedem Stadtteil oder Viertel Hilfen anbieten oder Nachbarschaftstreffen mit dem Ziel der gegenseitigen Unterstützung gründen. Davon können nicht nur die Menschen mit Hilfebedarf profitieren, sondern alle, die aus unterschiedlichen Gründen gesellschaftlich isoliert leben. Klaus Dörner spricht im Zusammenhang von Nachbarschaftshilfe von der Notwendigkeit, den »Raum für das Helfen« wieder zu gewinnen. Er ist der Überzeugung, dass die Menschen sich zukünftig nicht nur in der eigenen Familie stärker engagieren, sondern auch darüber hinaus. Als Wirkungsprinzip des »dritten Sozialraumes« beschreibt er: »Wenn ich einen Bürger auffordere, sich zum Beispiel mehr für Demente zu engagieren, wird er mir einen Vogel zeigen, da dies ein Fass ohne Boden sei. Wenn ich ihm aber sage, es handele sich nur um die Dementen seines Stadtviertels, werde ich häufig genug die Antwort erhalten: Das ist was ganz anderes, das sind doch unsere Dementen, die gehören doch zu uns.« (DÖRNER 2008)

**BEISPIEL**  Frau Benn durfte ihren Hund und eine Katze mit in die eigene Wohnung nehmen. Wegen ihrer körperlichen Behinderung war sie nicht immer in der Lage, mit dem Hund spazieren zu gehen. Nach und nach bekam sie Kontakt mit ihren Nachbarn und erfuhr, dass zwei ebenfalls einen Hund haben. Sie haben verabredet, dass sie die Hunde der anderen ausführen, wenn sie selber nicht dazu kommen. Daraus entstand auch ein engerer Kontakt zu einer älteren Dame, die sie schon bald zum Tee einlud. Trotz ihrer starken Persönlichkeitsstörung mit häufig herausforderndem Verhalten ging Frau Benn mit diesen Kontakten sehr behutsam um. Die ältere Dame hörte ihr gerne zu, und tat damit auch etwas gegen ihre Einsamkeit. Die Umgangsformen von Frau Benn wurden freundlicher und vertrauensvoller, ihr soziales Verhalten stabiler.  ✘

### Risiken und Nebenwirkungen

Nimmt man die Hilfen aus dem unmittelbaren Lebensumfeld an, macht man auch seine Probleme und sein Privatleben öffentlich. Ehrenamtliches Engagement kann fachliches Know-how und Wissen professioneller Helfer nicht ersetzen.

**Fazit**

Der Mensch mit Hilfebedarf ist in seinem unmittelbaren Umfeld aufgehoben und erlebt sich als Teil eines Netzwerkes von Angehörigen, Freunden und Nachbarn sowie professionellen Helfern.

## Bürgerhilfen gründen

Bürgerhilfe geschieht in der Regel als ehrenamtliche Tätigkeit. Menschen mit sozialen Interessen, die sich gerne der Unterstützung von Menschen widmen, sind von besonderer Bedeutung für die Menschen mit Hilfebedarf. Ihre Motivation und Perspektive kann sich bereichernd auf die individuelle Hilfeplanung auswirken. Sie bringen Normalität und gesellschaftliche Einbindung in die Lebenswelt. Darüber hinaus sind die freiwilligen Helfer wichtige Botschafter in der Öffentlichkeit. Sie unterstützen das Ziel der gesellschaftlichen Anerkennung der Menschen mit Hilfebedarf.

**BEISPIEL** Frau Adam und ihre Mitbewohner erhalten regelmäßig Besuch von Frau Frei. Sie hat sich nach dem Ausscheiden aus dem Berufsleben und dem Auszug ihrer erwachsenen Kinder einer Gruppe ehrenamtlicher Helfer angeschlossen, die Menschen mit Psychiatrieerfahrung im Alltag Unterstützung anbieten. Frau Adam schätzt an Frau Frei, dass sie sehr viel Zeit mitbringt, für Gemütlichkeit sorgt und wenig über Probleme spricht. Manchmal gelingt es Frau Frei sogar, Frau Adam zu einem Kaffeehausbesuch zu motivieren. In einem Hilfeplangespräch hat Frau Adam spontan davon berichtet, dass es ihr leichter fällt, mit Frau Frei in einem Café zu sitzen, da man ihr nicht ansieht, Betreuerin zu sein. ✖

 **Risiken und Nebenwirkungen**
Gute und engagierte Bürgerhelfer werden häufig zu leicht und zu schnell als Ersatz für professionelle Helfer eingesetzt.

**Fazit**
Bürgerhilfe kann in vielen Bereichen sehr nützlich sein und fördert Normalität. Wo professionelle Hilfe nachweisbar notwendig ist, sollte sie nicht durch unprofessionelle Helfer ersetzt werden.

**DOKUMENTATION**

Hinweise finden Sie im Musterhilfeplan von Frau Benn unter Punkt VII: »Was weiter wichtig ist …«, »Fragen zur bisherigen Erfahrung« und Punkt XI: »Wer soll was tun?«

# Einrichtungen und Dienste: Welche Voraussetzungen müssen sie erfüllen und welche Aufgaben haben sie?

Wenn umfangreichere Hilfemaßnahmen notwendig sind, liegt die Hilfeplanung oft vorrangig im Aufgabenbereich der Einrichtungen und Dienste. Erinnern wir uns an das Schaubild in der Einleitung. Hier wird nachvollziehbar, dass die Rahmenbedingungen, in denen die miteinander handelnden Personen eingebunden sind, von großer Bedeutung sind. Wie wird bei den Einrichtungen und Diensten mit den Zielen und Wünschen der Betroffenen umgegangen? Wie müssen die Einrichtung und der Dienst beschaffen sein, um die Hilfemaßnahmen qualitativ gut umzusetzen? In diesem Kapitel soll aufgezeigt werden, welche Rahmenbedingungen eine gute Hilfeplanung begünstigen.

Die Hilfen für Menschen mit Behinderungen und Erkrankungen von Körper, Geist und Psyche haben sich in den letzten 60 Jahren in einer Vielzahl von Angeboten Ausdruck verschafft. Für die Menschen mit einer geistigen Behinderung wurden vorrangig Wohnstätten und Werkstätten geschaffen. Den Menschen mit dauerhaft psychischen Erkrankungen (Psychiatrieerfahrene) wurde nach manchmal jahrzehntelangem Aufenthalt in den Langzeitbereichen der Landeskliniken eine Rückkehr in ihre Heimatgemeinde ermöglicht. Für die Unterstützung von Menschen mit einer Sucht- oder Aidserkrankung sowie einer Körperbehinderung haben mehr und mehr heimatnahe Einrichtungen und Dienste spezifische Angebote entwickelt.

Die Palette der Einrichtungen und Dienste ist sehr umfangreich und bunt, weil sie ambulante und stationäre Wohnhilfen sowie weitere Hilfen anbieten. Sie sind in der Trägerschaft von Wohlfahrtsverbänden, Landeskliniken und gemeinnützigen Vereinen oder in privater Trägerschaft. Je größer eine Einrichtung ist, desto häufiger bietet sie mehrere Angebote unter ihrem Dach. Ihre Organisationsstrukturen sind vielfältig und nicht vergleichbar. Die große Einrichtung eines Wohlfahrtsverbandes mit vielen speziellen Angeboten arbeitet beispielsweise unter anderen strukturellen Voraussetzungen als ein einzelner privater Anbieter für das betreute Wohnen. Allein in Köln wurden innerhalb von drei Jahren 80 neue private Anbieter zum betreuen Wohnen registriert. Der Zuwachs entwickelte sich aufgrund der Reform der Eingliederungshilfe, die es nun einfacher macht, direkt mit dem Kostenträger für die Eingliederungshilfe eine Leistungsvereinbarung abzuschließen.

Allen Einrichtungen und Diensten ist gemeinsam, dass sie für die Versorgung, Betreuung und Begleitung der Menschen mit Hilfebedarf fachlich qualifiziertes Personal bereitzustellen haben. Ihre Arbeits- und Organisationsstruktur muss sich an den Bedürfnissen und dem Hilfebedarf orientieren. Bevor sie tätig werden, müssen sie den zuständigen Kostenträgern ihre Qualität nachweisen.

Das bedeutet, dass sie regelmäßig dafür Sorge tragen müssen, dass das, was sie den Menschen mit Hilfebedarf anbieten, zeitgemäß sowie fachlich und qualitativ angemessen ist. Um ihre Qualität nachzuweisen, haben sich viele Einrichtungen und Dienste zertifizieren lassen, sich einem sogenannten Qualitätsmanagement unterzogen und praktizieren es fortlaufend.

Menschen mit Störungen und Beeinträchtigungen benötigen Wahlmöglichkeit. Um wählen zu können, müssen sie Folgendes wissen:

● Welche Hilfen werden in meiner Stadt für mich angeboten?
● Wo finde ich Beratung?
● Welcher Dienst oder welche Einrichtung ist die beste für mich?
● Wer hat passgenaue Hilfen für mich?

Es ist daher notwendig, dass die Einrichtungen und Dienste ihre Angebote in ihrer Region nachvollziehbar und transparent machen und abstimmen. Informationen müssen leicht zugängig und über öffentliche, beispielsweise städtische Einrichtungen, verbreitet werden. Für die Menschen mit Hilfebedarf ist es wichtig, auch Details zu erfahren, beispielsweise welche Angebote es für Hilfe im Arbeitsleben gibt.

Die Einrichtungen und Dienste sollten auch ihren Nutzern mit Transparenz begegnen, zum Beispiel mit klaren und nachvollziehbaren Aussagen zum Menschenbild und über die Angebote sowie über die Art und Weise des Umgangs miteinander. Wann werden die Angehörigen wie beteiligt? Wie und wann werden sie über die Arbeit mit ihren Angehörigen informiert?

**BEISPIEL**    Vor dem Einzug in die Wohngruppe wurde der Familie Adam das Konzept der Wohneinrichtung, das Leitbild und eine Informationsbroschüre über Formen der Nutzerbeteiligung des Trägervereins ausgehändigt. Die Bezugsbetreuerin der Wohngruppe berichtete in der Folge der Tochter und dem Sohn regelmäßig über den

**TIPP**

Fasst jede Stadt verfügt über Wegweiser sozialer Dienste und die Hilfeanbieter der Region. Nutzen Sie diese zur Orientierung.

**TIPP**

Informieren Sie sich über die Qualität der Angebote. Fragen Sie nach dem Konzept und dem Leitbild der Einrichtung oder des Dienstes. Bei der Beurteilung der Qualität helfen die Arbeitsmaterialien 9 und 10 (Handreichung für den Menschen mit Hilfebedarf, 9, und für Angehörige, 10).

Zustand ihrer Mutter, auch wenn es gesundheitliche Veränderungen gab oder wenn wichtige Gespräche über den Zustand ihrer Mutter in der Einrichtung geführt wurden. Einmal im Quartal wurde ihre Tochter mit Einverständnis von Frau Adam zu den Fallbesprechungen in das betreuende Team eingeladen. ✖

Für die Beurteilung, ob sich Einrichtungen und Dienste der Umsetzung des personenzentrierten Denkens und Handelns in der Hilfeplanung verpflichtet fühlen, sollen die im Folgenden genannten Kriterien beitragen.

## Der personenzentrierte Ansatz ist die methodische Grundlage

Für die Umsetzung des personenzentrierten Ansatzes sind die Einrichtungen und Dienste verantwortlich. Sie müssen den Menschen mit Hilfebedarf in den Mittelpunkt stellen und Ihre Angebote und das Hilfeplanverfahren an ihrem Bedarf und ihren individuellen Besonderheiten ausrichten. Die Leitfrage ist: Was muss von allen Beteiligten getan werden, damit Teilhabe am gesellschaftlichen Leben möglich ist? Dazu müssen die Einrichtungen und Dienste prüfen, inwieweit sie ihre Angebote dem Hilfebedarf des Betroffenen anpassen und nicht umgekehrt.

**BEISPIEL**    Frau Benn stand vor dem Verlust ihrer Wohnung. Ihr Erscheinungsbild war sehr auffällig, ihre Kleidung war in der Regel sehr verschmutzt, ihre Haare fettig und ungepflegt. In der Wohnung verhielt sie sich rücksichtslos. Gegenüber Nachbarn, Vermieter und anderen Menschen war sie streitbar bis unverschämt. Es war nicht zu erwarten, dass sie sich ihrer Umgebung anpassen wollte. Während der Hilfeplanung wurde deutlich, dass es nur zwei Möglichkeiten gab: Entweder man hätte sie per betreuungsrechtlicher Entscheidung dazu zwingen können, in einem Heim zu wohnen, um damit gegen ihren Willen eine Anpassung an die Bedingungen zu erreichen, oder man hätte den Versuch gewagt, die Rahmenbedingungen ihrem Lebensstil anzupassen. Es wurde eine Wohnung für sie gefunden, in dem bereits Menschen aus Randgruppen wohnten und in deren Umfeld ihr Verhalten zu weniger Problemen führte. Ihren Hund und eine Katze konnte sie mitnehmen. ✖

**Risiken und Nebenwirkungen**

Der personenzentrierte Ansatz wird unterschiedlich verstanden und umgesetzt. Unterschiedliche Meinungen zu der Frage, was für den Menschen mit Hilfebedarf richtig und notwendig ist, und wo die Verantwortung der Beteiligten beginnt und aufhört, können zu Kontroversen und Konflikten führen. Nicht immer erscheinen seine Wünsche als für ihn richtig und gesund.

**Fazit**

Die Hilfen der Hilfeanbieter müssen personenzentriert organisiert und gesichert werden.

# Kongruente Beziehungsangebote

Eine der grundlegenden Aufgabe der Mitarbeiter der Einrichtungen und Dienste ist Beziehungsarbeit. Der Mensch mit Hilfebedarf benötigt Kontakt und Kommunikation über in sich stimmige, authentische und eindeutige (kongruente) Beziehungsangebote, in denen er offene und ehrliche Rückmeldungen über sein Verhalten und seine Entwicklung erhält. Dabei geht es um Spiegelung, Strukturierung und um die Möglichkeit, zu lernen und neue Erfahrungen zu machen. In einem offenen und verständnisvollen Klima kann er sich besser entwickeln.

Beziehungsarbeit ist der wesentliche Faktor, der über Erfolg und Qualität der Hilfeplanung entscheidet. Sie wirkt. Die Mitarbeiter der Einrichtungen und Dienste sind Verhaltensmodell. Sie werden nicht nur in ihrer Fachlichkeit gefordert, sondern als »ganze Menschen«. Ihre Wertvorstellungen, ihr Charakter, ihr Herangehen, ihre Sympathie und Antipathie gestalten die Beziehung. Denn sobald Menschen in Kontakt treten, gehen sie Beziehungen ein, wie Paul Watzlawick schreibt. »Man kann nicht nicht kommunizieren.«

Die Haltung von Professionellen gegenüber den Menschen mit Hilfebedarf kann etwas Heilendes haben. Das wird häufig unterschätzt. Sind sie beispielsweise eindeutig im Umgang mit Nähe und Distanz? Haben sie ein Gespür für die persönlichen Grenzen des Betroffenen? Können sie einschätzen, wie nah sie auf ihn zugehen können? Sind ihnen die eigenen persönlichen Grenzen bewusst? Können sie selbst dafür Sorge tragen, von der Beschäftigung mit den Problemen der Betroffenen abschalten zu können?

Es ist daher notwendig, dass die Mitarbeiter in ihren Einrichtungen und Diensten Möglichkeiten haben, die Beziehungsarbeit zu reflektieren. Das geschieht in gemeinsamen Fall- und Teambesprechungen, über regelmäßige Fortbildungen und Supervision. Findet in einem Team partnerschaftliche Kommunikation statt und haben die Mitarbeiter die Möglichkeit, sich offen und angstfrei einzubringen, fördert das ihre Qualifizierung und damit auch die Fähigkeit für den Menschen mit Hilfebedarf kongruente Beziehungen zu gestalten.

Die Mitarbeiter sollten über gute Kommunikationstechniken verfügen. Zu einer guten Kommunikation gehört es, den Dialog zu fördern, zu erklären und auf Konflikte eingehen zu können. Dabei müssen sie eindeutig bleiben und dafür sorgen, dass sie verstanden werden.

Ist die Beziehungsarbeit erfolgreich, kann bei den Menschen mit Hilfebedarf ein (neues) Grundvertrauen entstehen und das alltägliche Miteinander kann eine Art »Nachsozialisation« bewirken. Beziehungsarbeit mit kontinuierlicher Verlässlichkeit, mit Vertrauen und der Verstärkung positiver Gefühle kann zu neuen Erfahrungen beitragen.

Wie wichtig dies ist, wird auch dadurch deutlich, dass beispielsweise eine psychische Erkrankung als Kontakt- und Kommunikationsstörung verstanden werden kann. Erlebt der Mensch keine kongruenten Beziehungen, kommt er zu anderen Schlussfolgerungen. Er entwickelt Misstrauen, das zu seiner Lebensgrundlage und Philosophie werden kann: »Wenn ich überleben will, ist es besser, niemanden zu vertrauen«. Das Ziel besteht darin, das eigene »System« zu schützen, Misstrauen kann als »Platzhalter« für wirkliches Vertrauen verstanden werden. Es ist eine Ersatzlösung.

**BEISPIEL** Die Grundhaltung von Frau Benn war Misstrauen. In Gesprächen pflegte sie einen rauen Umgangston und meistens war sie unfreundlich. In Gruppen nutze sie ihre körperliche Einschränkung als Vorwand, um sich bedienen zu lassen. Trotzdem war sie zunehmend gerne mit anderen im Kontakt. Während des Beisammenseins und der Unterhaltung beobachtete sie meistens Frau Galbo. Schenkte sie einem anderen mehr Aufmerksamkeit, unterbrach sie sie mit immer neuen Wünschen, Bemerkungen oder Kommentaren. Frau Galbo war bewusst, dass das Frau Benns Versuch war, die Beziehung zu ihr zu testen. Sie setzte ihr immer wieder freundlich Grenzen, verteidigte und rechtfertigte sich nicht und reagierte nicht auf Aggressionen. Im Team fanden regelmäßige Fallbesprechungen zum Umgang mit Frau Benn statt. Es wurden Regeln vereinbart, die für alle transparent und verbindlich waren. **✗**

**Risiken und Nebenwirkungen**

Nicht kongruente Beziehungsangebote hindern den Menschen in seiner Entwicklung, unterstützen Abhängigkeit, können zu Konflikten
führen und blockieren die Entwicklung. Konfliktreiche Verstrickun-
gen führen zu hohen Kosten im doppelten Sinne (Energie und Geld).

**Fazit**

Eine wichtige Aufgabe der Hilfeanbieter ist es, ihren Mitarbeitern zu
ermöglichen, dass sie kongruente Beziehungsangebote machen können. Sie müssen sich analog zur Sorge um die Menschen mit Hilfebedarf, auch um die Unterstützung ihrer Mitarbeiter kümmern.
Dazu gehören Teams, Fallbesprechungen, Supervision, Fortbildungen und eine innerbetriebliche Gesundheitsförderung.

# Tagesstruktur und Gemeinschaftsleben anbieten

Menschen können in den unterschiedlichsten Kompetenzen gehin-
dert sein, ihr Leben selbstständig und zufrieden zu gestalten. Alleine
zu leben kann Ausdruck von Selbstständigkeit sein, aber auch Einsamkeit und Isolation bedeuten. Manchen Menschen ist es nicht
möglich, in einer Gemeinschaft zu leben, sich in ihr zurechtzufinden
oder viele Kontakte auszuhalten.

Im Hilfeplan wird nicht selten die Einzelbegleitung zur Bewältigung
der alltäglichen Dinge des Lebens hervorgehoben. Die dafür notwendigen Zeitwerte laden dazu ein, zu beschreiben, was man gemeinsam oder für den Betreffenden tun muss. Aber nicht für alle
sinnstiftenden Dinge des Lebens, die zum selbstständigen Wohnen
befähigen, ist Einzelbegleitung notwendig. Häufig hilft allein die Ge-
wissheit, am Tag oder in der Woche etwas vorzuhaben. »Wie gestalten Sie Ihren Tag oder Ihre Woche?«, ist eine der wichtigsten Fragen
im Hilfeplangespräch. Die Frage zielt darauf ab, etwas darüber zu
erfahren, auf welche Tagestruktur der Betreffende zurückgreifen
kann.

Angebote zu Tagesstruktur und zum Gemeinschaftsleben sollen dem
Tag einen Rhythmus und einen Sinn geben. Das wirkt sich positiv
und stabilisierend auf den allgemeinen Gesundheitszustand aus und
entspricht einem Grundbedürfnis (nicht nur) des Menschen mit Hilfebedarf. Tagesstruktur entsteht aus dem richtigen Verhältnis von

Beschäftigung und Ausruhen. Welche Angebote dazu beitragen, ist sehr unterschiedlich und muss individuell herausgefunden und beschrieben werden. Sie sollten den individuellen biografischen und lebenspraktischen Erfahrungen entsprechen.

Für diejenigen, die alleine leben und keiner geregelten Beschäftigung oder Arbeit nachgehen, trägt häufig schon das Rausgehen und irgendwo anzukommen zu einer Tagesstruktur bei. Hilfreich dafür sind beispielsweise offene Tages-, Kontakt- oder Beratungsstellen, also Orte, wo man sich ohne große Anforderung einfach aufhalten kann und die in der Regel auch vielfältige Freizeitangebote anbieten. Dabei kann man Gemeinschaft erfahren und hat die Möglichkeit Kontakte zu knüpfen, sich ausdrücken oder mitteilen zu können. Tagesstruktur entsteht selbst dann, wenn man selbst nicht aktiv werden muss. Denn wann immer man sich in eine Gemeinschaft begibt, kommt es zu Kontakten und Kommunikation. Diese Erfahrung kann Sicherheit vermitteln.

**BEISPIEL**    Frau Benn lebte gerne allein, trotzdem gelang es Frau Galbo, sie immer häufiger zum gemeinsamen Kaffee trinken in der ihrem Dienst angeschlossenen Wohngruppe des Wohnverbunds einzuladen. Frau Benn war zwar wegen ihrer eigentümlichen Unfreundlichkeit nicht immer willkommen, das ein oder andere Mal kam es jedoch zu sehr harmonischen und atmosphärisch schönen Momenten. Nach und nach lernte sie es sehr schätzen und wartete darauf. Die Besuche wurden zu wichtigen Terminen in der Woche und stabilisierten ihre Tages- und Wochenstruktur. ✖

### Risiken und Nebenwirkungen

Nicht überall verfügen Einrichtungen über Angebote, sich ohne große Anforderungen aufhalten zu können. Wird der Bedarf an Kontakt ausschließlich über die Besuche des professionellen Mitarbeiters gewährleistet, kann er zum »bezahlten Freund« werden.

### Fazit

Grundbedürfnis der Menschen mit Hilfebedarf ist es, über sinnstiftende Ereignisse dem Tag eine Struktur zu geben, seinen persönlichen Rhythmus zu finden und zu erhalten. Dafür sind (auch geschützte) Räume im ambulanten und im stationären Bereich notwendig, die Begegnung ermöglichen.

# Arbeitsmöglichkeiten erhalten und fördern

Arbeiten zu können und eine Beschäftigung zu haben, hat eine sehr große Bedeutung. Nicht selten löst zum Beispiel bei den Menschen mit psychischen Problemen der Verlust des Arbeitsplatzes oder der Beschäftigung Krisen aus. Einer Tätigkeit nachzugehen, trägt dazu bei, dass Menschen sich gebraucht fühlen. Aus dem Entgelt sorgen sie für ihren eigenen Unterhalt oder tragen einen Teil dazu bei. Sie erfüllen gesellschaftlich akzeptierte Erwartungen und haben Teil am Konsum.

Während der Hilfeplanung sollten deswegen insbesondere im Bereich von Arbeit und Beschäftigung die besonderen Fähigkeiten in Erfahrung gebracht werden. Allerdings verfügen die für die Hilfeplanung federführenden Einrichtungen und Dienste selten über ausreichende Angebote für Arbeit und berufliche Rehabilitation. Die Bedeutung der Arbeit verpflichtet sie zu einer engen Kooperation mit fachspezifischen Diensten, wie zum Beispiel dem Integrationsfachdienst, dem berufsbegleitenden Dienst, Einrichtungen der beruflichen Rehabilitation, Werkstätten für Menschen mit Behinderung (WfbM) oder Einrichtungen mit Zuverdienstmöglichkeiten zum Beispiel in Tagesstätten bis hin zu ambulanten Arbeits- und Beschäftigungstherapien.

**BEISPIEL** Thomas Richter arbeitete im Gartenbaubetrieb einer Werkstatt für behinderte Menschen. Für das Leben in der eigenen Wohnung war die regelmäßige Arbeit von besonderer Bedeutung und spielte in der Hilfeplanung eine große Rolle. Seine Betreuerin hat auch mit seinem Vorarbeiter über Probleme bei der Arbeit gesprochen. Er ist zwar grundsätzlich mit der Arbeit von Thomas Richter zufrieden, bemängelt aber, dass er sich zu leicht ablenken lässt, seinen Kollegen schon mal unglaubwürdige Geschichten erzählt oder jähzornig reagiert, wenn er gehänselt wird. Weil die Arbeit für seine Zufriedenheit und Tagesstruktur sehr wichtig ist, wurden die Probleme auch im Hilfeplan und in der Hilfeplankonferenz thematisiert. Es wurden unter anderem regelmäßige Gespräche zwischen Thomas Richter, seinem Vorarbeiter und seiner Betreuerin festgelegt. **✖**

**TIPP**

Über die Beratung und Unterstützung für Menschen mit Behinderungen zum Thema Arbeit und berufliche Rehabilitation verfügen die örtlichen Agenturen für Arbeit über Informationen. Sorgen Sie in Ihrer Einrichtung für leichten Zugang zu entsprechendem Informationsmaterial der Angebote anderer fachspezifischer Dienste und aktualisieren Sie diese regelmäßig.

**Risiken und Nebenwirkungen**

Werkstätten für Menschen mit Behinderungen oder die Arbeit in einer Tagesstätte werden (ähnlich wie Heime und Krankenhäuser) nach den belegten Plätzen finanziert. Es besteht das Risiko, dass Einrichtungen vorrangig an ihre Auslastung denken und die Menschen mit Hilfebedarf deswegen an ihr Angebot binden.

**Fazit**

Arbeit ist ein elementarer Baustein zur Teilhabe am gesellschaftlichen Leben. Sie sorgt für soziale Sicherheit. Das Ziel von Hilfeplanung ist es, den Betroffenen an alle weiteren Hilfen im Bereich Arbeit heranzuführen, wenn die Hilfe zum selbstständigen Wohnen dazu nicht ausreicht.

# Beteiligung der Nutzer an der konzeptionellen Arbeit

Ein wichtiger Bestandteil für Qualitätsmanagement besteht darin, inwieweit die Einrichtungen es ihren Nutzern, also den Menschen mit Hilfebedarf und ihren Angehörigen, ermöglichen, mitzuwirken. Denn sie haben in der Regel andere Interessen und stellen andere Fragen. Ihr Blickwinkel, ihre Sichtweisen, Meinungen, Wahrnehmungen und Wertvorstellungen sind deshalb von großer Bedeutung. Einrichtungen und Dienste sind zumeist vorrangig sozial motiviert, aber auch Unternehmen, die betriebswirtschaftlich arbeiten müssen. Es ist ein Qualitätsbeweis, wenn sie die Sichtweise von Angehörigen und Freunden nutzen und in ihr fachliches Handeln einbeziehen. Mit der Einbeziehung ihrer Perspektive können neue Vorstellungen entwickelt werden und kann damit für mehr Zufriedenheit gesorgt werden. Angehörige, Freunde und engagierte Bürger fühlen sich eingeladen, wertgeschätzt und ernst genommen.

Fragen Sie deswegen nach: Welche Formen der Nutzerbeteiligung werden ermöglicht und praktiziert? Werden Angehörige, fachfremde aber sozial engagierte Menschen bei der Entwicklung von Konzepten beteiligt? Wenn ja, in welcher Form? Wie können sich Menschen aus der Gemeinde an der Arbeit der Einrichtungen und Dienste beteiligen?

Es gibt Einrichtungen und Dienste, die beispielsweise bei der Einstellung von Mitarbeitern Vertreter der Nutzerperspektive (zum Beispiel

Menschen mit Hilfebedarf, Angehörige aus Angehörigengruppen oder Bürgerhelfer beteiligen. Ihre Fragen und Interessen sind oft anders motiviert und ihre Sichtweise kann bereichern. Einige Einrichtungen verfügen über Beiräte, in denen zur Mitarbeit eingeladen wird. Mit ihrer Beteiligung ermöglichen sie einen gesellschaftlichen Anschluss der Menschen mit Hilfebedarf.

**BEISPIEL**    Frau Frei ist Sprecherin einer Gruppe Bürgerhelfer, die für die Einrichtung tätig ist, in der Frau Adam und von der aus auch Frau Benn betreut werden. Ein Qualitätsmerkmal dieser Einrichtung ist es, das sie die Mitglieder des Vereins an der konzeptionellen Arbeit und Entwicklung beteiligen. Dies geschieht in Form eines Beirates, der alle zwei Monate tagt und in dem die wichtigen Aufgaben des Vereins beraten werden. Die Leitung der Einrichtung hat sich daran gebunden, wichtige konzeptionelle Entscheidungen erst dann umzusetzen, wenn sie zuvor im Beirat beraten wurden. Auch Personaleinstellungen werden mit ihrer Beteiligung entschieden.
Frau Frei nimmt deswegen auch regelmäßig als Vertreterin der Bürgerhelfer mit Sitz und empfehlender Stimme am Personalausschuss des Vereins teil. Als der zweite Bezugsbetreuer von Frau Benn, Herr Bernhard, eingestellt wurde, war sie beim Einstellungsgespräch dabei. Insbesondere von Frau Frei wurde Herr Bernhard gefragt, was er unter einer psychischen Erkrankung verstehe, und welche Meinung er zum Umgang mit Psychopharmaka vertritt. Die Leitung des Vereins hat seine Entscheidung an das Votum des Personalausschusses gebunden. ✖

## Risiken und Nebenwirkungen

Bürgerhelfer und Nutzervertreter können mit ihrer Perspektive und Betrachtungsweise kontroverse Diskussionen anstoßen. Bindet man sich an ihr Votum, verteilt die Einrichtung ein Teil der Macht auf »mehr Schultern«.
Hinterfragt man als Angehöriger zu nachdrücklich die Qualität, kann das von den Einrichtungen und Diensten als Einmischung empfunden werden und es können Kommunikations- und Verständigungsprobleme auftreten. Dabei kann Angst aufkommen, Nachteile für seine betreuten Angehörigen befürchten zu müssen.

## Fazit

Der Einbezug der Nutzerperspektive zur Entwicklung und Umsetzung der konzeptionellen Arbeit der Einrichtungen und Dienste führt zu mehr Qualität und Nutzerzufriedenheit.

# Übernahme der Versorgungsverpflichtung

Grundsätzlich wird von Kostenträgern erwartet und begrüßt, dass Einrichtungen und Dienste für die Menschen in ihrer Region die Versorgungsverpflichtung übernehmen. Sie können dies aber nicht zur Bedingung machen. In der Übernahme der Versorgungsverpflichtung drückt sich die Bereitschaft aus, umfassende Verantwortung für die Menschen ihrer Heimatgemeinde zu übernehmen. Damit verpflichten sich die Einrichtungen und Dienste zur flexiblen Anpassung ihrer Angebote an den Hilfebedarf. Dies erfordert Kreativität, fachliches Know-how, Engagement und Bereitschaft zur Zusammenarbeit mit allen Beteiligten.

**TIPP**

Wenn Einrichtungen und Dienste die Versorgungsverpflichtung auch für Menschen mit besonders herausforderndem Verhalten übernehmen, müssen sie ihre Mitarbeiter besonders unterstützen.

Versorgungsverpflichtung zu übernehmen bedeutet beispielsweise auch, zuständig zu bleiben, wenn Menschen mit Hilfebedarf besonders herausfordernd sind, sei es durch Gewaltbereitschaft, systemsprengendes Verhalten oder unangenehme Umgangsformen. Einrichtungen und Dienste kündigen ihre Hilfe nicht auf, wenn sie nicht entweder alle anderen Möglichkeiten geprüft haben, die eine weitere Begleitung des Betroffenen möglich machen könnte oder dafür Sorge getragen haben, dass er anderweitig Hilfen bekommt.

Auch bei herausforderndem Verhalten sollten sich die Hilfen an den Wünschen des Betroffenen orientieren. Möchte er in seiner Heimatstadt wohnen bleiben, sind die Einrichtungen und Dienste für die Entwicklung von entsprechenden Hilfemaßnahmen verantwortlich. Das gilt auch, wenn vorübergehend Betreuungsangebote nicht vorhanden sind, beispielsweise wenn ein notwendiger Heimplatz nicht zur Verfügung steht.

**BEISPIEL**  Das Verhalten von Frau Benn war häufig besonders herausfordernd. Sie nahm gelegentlich Drogen, verweigerte Hilfen für die Haushaltsführung, verwahrloste und in ihrem sozialen Umfeld sorgte sie für Konflikte und Streitigkeiten. Ihr gesetzlicher Betreuer wusste anfangs nicht, wer für sie zuständig ist und stellte ihren Fall in der Hilfeplankonferenz vor. Aufgrund der Diagnose einer Persönlichkeitsstörung war der gemeindepsychiatrische Träger für sie zuständig. Er hat die Versorgungsverpflichtung für alle psychisch Kranken in der Stadt und bietet eine breite Palette komplementärer Hilfeangebote. ✖

**Risiken und Nebenwirkungen**

Da zu erwarten ist, dass sich private Dienste mit der Übernahme der Versorgungsverpflichtung in der Regel zurückhalten werden, ist davon auszugehen, dass Menschen mit herausforderndem Verhalten zunehmend auf gemeinnützige Einrichtungen der freien Wohlfahrtspflege zukommen werden.

**Fazit**

Mit der Übernahme der Versorgungsverpflichtung dokumentieren die Einrichtungen und Dienste ihr Verantwortungsbewusstsein für die Menschen ihrer Heimatgemeinde. Sie gewährleisten damit personenzentriertes Denken und Handeln.


# Den Wohnverbund fördern

Einige Einrichtungen und Dienste verfügen über Wohnheime und Angebote zum ambulant betreuten Wohnen. Insbesondere für Menschen mit einer geistigen Behinderung gibt es deutlich mehr Wohnheimplätze als ambulante Betreuungsangebote. Erwiesen ist jedoch, dass nicht alle Menschen, die in einem Wohnheim leben auch die »Rundum-Betreuung« benötigen. Sie leben häufig »selbstverständlich« dort, weil es bisher keine Alternativen gab.

Erfahrungen zeigen jedoch, dass viele Menschen mit Hilfebedarf Ressourcen haben, die durch ein langes Verbleiben in einem Wohnheim eingeschränkt werden bzw. sich nicht entwickeln können. Nach Erkenntnissen des Landschaftsverbandes Rheinland »gibt es allein im Rheinland bei der Zielgruppe der Menschen mit geistiger Behinderung mehrere Tausend stationäre Plätze, die zu viel sind. Dort leben Menschen, die aufgrund ihres qualitativen und quantitativen Hilfebedarfs bei entsprechenden ambulanten Angeboten ohne Weiteres selbstständig leben könnten.« (HEUSER 2008)

Bei anderen können die Lebensumstände so ungünstig sein, dass intensive Hilfe und das Leben in einem Wohnheim sinnvoll sind. Sie benötigen ein hohes Maß an Unterstützung und ein Wohnumfeld, in dem sie nicht stigmatisiert oder ausgegrenzt werden. Das kann dazu beitragen, dass ihnen das Leben leichter gelingt. Manche wollen in diesem Lebensumfeld bleiben, aber gleichzeitig mehr Selbstständigkeit erlangen, ohne die bisherigen Beziehungen zu verlieren.

Dienste und Einrichtungen können ihnen ermöglichen, in ihrem Wohnumfeld zu bleiben und gleichzeitig schrittweise den Weg in die

Selbstständigkeit anbieten, indem sie den Wohnverbund fördern. Darunter ist die Verknüpfung von Wohnheimen mit dem selbstständigen Wohnen gemeint. Menschen mit Hilfebedarf, die mehr Selbstständigkeit wollen, können dort wohnen bleiben, wo sie sich gut betreut fühlen. Sie verlieren ihren Status als Wohnheimbewohner oder erhalten ihn erst gar nicht. Kriterium für die passende Wohnform ist ihr persönlicher Hilfebedarf und sind nicht die institutionellen Möglichkeiten.

**BEISPIEL**    Der Dienst, der für Frau Benn zuständig ist, bietet in zwei Mehrfamilienhäusern einen Wohnverbund an. Die Bewohner leben in ganz normalen Wohnungen, vom Apartment bis hin zur 3-Zimmer-Wohnung. In einer abgeschlossenen 3-Zimmer-Wohnung wohnen zwei Bewohner mit einem Heimstatus, ein Dritter hat sein Zimmer und die Nutzung der Gemeinschaftsräume gemietet. Für ihn bedeutet es sehr viel, nicht als Heimbewohner zu gelten, gleichwohl ist es ihm wichtig, in der Hausgemeinschaft zu leben. Besonders wichtig ist ihm, dass sein Betreuer nach wie vor für ihn zuständig ist und die in den Jahren gemeinsam entwickelte Betreuungsbeziehung erhalten werden konnte. Die Möglichkeit zu mehr Selbstständigkeit, ohne die Hausgemeinschaft verlassen zu müssen, hat sich motivierend auf alle Bewohner ausgewirkt. In der Folge haben zwei weitere die Möglichkeit des selbstständigen Wohnens genutzt. Wenn neue Bewohner aufgenommen werden, wird vorrangig geprüft, ob ein betreutes Wohnen möglich ist. ✖

 **Risiken und Nebenwirkungen**
Die Umsetzung des Wohnverbundes erfordert viel Geschick, ist kompliziert und nicht immer unbürokratisch umzusetzen. Auf die traditionellen Wohnheime kommen mehr Menschen mit hohem Hilfebedarf zu, die in der Regel umfassende Hilfen und viel Betreuung benötigen.

**Fazit**
Der Wohnverbund ist ein Weg, die Übergänge zwischen ambulanten Hilfen und des Wohnens in einem Heim fließend zu gestalten.

# Kooperation im Verbund der regionalen Einrichtungen und Dienste

Die Einrichtungen und Dienste sind in der Regel eigenständig und autonom in der Gestaltung ihrer Hilfen. 1988 stellte eine Expertenkommission der Bundesregierung zur Weiterentwicklung der Gemeindepsychiatrie fest, dass die Vernetzung von Hilfeanbieter Vorort wesentlich zur Verbesserung einer gemeindenahen Versorgung beitragen könnte. Sie empfahl eine enge Kooperation der Einrichtungen und Dienste über die Gründung und Zusammenarbeit in Verbundsystemen. Alle Hilfeanbieter, auch die zuständigen Fachkliniken, sollten sich dabei als Teil der Gemeinde verstehen, die konkrete Teilhabemöglichkeiten für die Betroffenen abzustimmen hätten. Ziel der Verbundlösung sei es, eine Wende von einer mehr angebotsorientierten, institutionsbezogenen Hilfeplanung zu einer sicherstellenden Versorgungsverpflichtung sowie einer personenbezogenen Hilfeleistung beizutragen.

Während der 1990er Jahre regte die Aktion Psychisch Kranke (APK) in Modellregionen die Schaffung Gemeindepsychiatrischer Verbünde (GPV) an und unterstützte sowie begleitete ihre Entwicklung. Die beteiligten Einrichtungen und Dienste verpflichteten sich vertraglich zu enger Kooperation und Transparenz mit dem Ziel, den Menschen mit Hilfebedarf ein möglichst vielfältiges und breit gefächertes Angebot in der für sie zuständigen Region anbieten zu können. Federführend waren in der Regel die Kommunen und die Psychiatriekoordinatoren sowie die Leistungsanbieter, also Vertreter der Einrichtungen und Dienste, die sich zu einer verbindlichen Versorgung verpflichtet haben. Die Erwartungen bestätigten sich. Es entstand eine bis dahin noch nicht da gewesene Übersicht über die Angebote der Region und der Defizite.

Die Zusammenarbeit im Verbund erleichterte die Kooperation in den in der Folge gegründeten Hilfeplankonferenzen. Die Beteiligung der Einrichtungen und Dienste am Verbund ist daher unerlässlicher Auftrag, um zu einer besseren Teilhabeplanung der Betroffenen beizutragen. Die verantwortlichen Kostenträger unterstützen in der Regel diesen Prozess und nutzen bereits bestehende regionale Gremien oder Verbundsysteme, die der Vernetzung dienen.

Auch wenn diese Art der Zusammenarbeit ursprünglich in der gemeindepsychiatrischen Versorgungslandschaft entstanden ist, dient sie heute als Vorbild und Praxisempfehlung für den gesamten Bereich der Eingliederungshilfe, also auch für die Hilfen für Menschen mit einer geistigen und/oder körperlichen Behinderung sowie der Abhängigkeits- und Aidskrankenhilfe. Die Zusammenarbeit konzentriert sich allerdings in der Regel über gemeinsame Hilfeplankonferenzen. Verbundsysteme anlog der oben beschriebenen Empfehlung entstehen nur langsam und sind abhängig vom Ermessen der Vertreter der regionalen Einrichtungen und Dienste.

**BEISPIEL**   Die Einrichtung, die Frau Benn betreut, ist Mitglied eines gemeindepsychiatrischen Verbundes und hat die Zusammenarbeit mit den anderen örtlichen Hilfeanbietern in einer Geschäftsordnung verabredet. Herr Schneider vertrat das Angebot des Wohnverbundes in der gemeinsamen Hilfeplankonferenz. ✘

Verbundsysteme sind dort sinnvoll und notwendig, wo Kostenträger, Einrichtungen und Dienste ihre Vernetzung und Kooperation personenzentriert ausrichten. Die Mitarbeit im Verbundsystem fordert die Hilfeanbieter heraus, ihre fachlichen Angebote dem Hilfebedarf anzupassen. Sie sorgt für Transparenz, Kommunikation und Kooperation. Das ist aber abhängig, von den Fähigkeiten der Beteiligten zu kommunizieren und zu kooperieren. Die Hilfeanbieter sind daher gut beraten, ein Qualitätsmanagement durchzuführen.

**TIPP**

Informieren Sie sich über Verbundarbeit in Ihrer Region und bringen Sie die »örtlichen Gepflogenheiten« in Erfahrung.

Insbesondere privaten Hilfeanbietern ist es zu empfehlen, mit anderen zu kooperieren, möglicherweise eine Arbeitsgemeinschaft zu gründen, um Sitz und Mitarbeit in den jeweiligen Hilfeplankonferenzen zu erhalten.

 **Risiken und Nebenwirkungen**

Transparenz über die Hilfeangebote und Versorgungsdefizite sind davon abhängig, inwieweit die Einrichtungen und Dienste kooperieren und konkurrenzfrei miteinander kommunizieren. Beteiligte können dem Kommunikations- und Kooperationsstil ihre persönliche Note verleihen.

**Fazit**

Kooperation ist fachliches Gebot. Sie liegt im strategischen Interesse aller. Die Einrichtungen und Dienste können aufgrund struktureller Bedingungen Kooperation leichter ermöglichen als Kostenträger.

Wenn Kooperation auf der persönlichen Ebene gelingt, sollten schriftliche Vereinbarungen die Verfahren »für die Nachwelt« sichern.

# Was sind Hilfeplankonferenzen und welche Aufgaben haben sie?

Sie werden in den Regionen unterschiedlich benannt, haben aber vergleichbare Aufgaben: Hilfeplankonferenzen heißen sie im Einzugsbereich des Landschaftsverbandes Rheinland (LVR), Clearingstellen im Bereich des Landschaftsverbandes Westfalen Lippe (LWL). Auch in den anderen Bundesländern gibt es vergleichbare Gremien, teils mit der gleichen Bezeichnung oder auch als Teilhabekonferenz bezeichnet.

Ihnen kommt im Hilfeplanverfahren eine Schlüsselrolle zu. Sie beraten und begutachten den individuellen Hilfebedarf und prüfen die Plausibilität der Hilfepläne. Im Idealfall arbeiten sie auf der Basis einer Geschäftsordnung und sie finden in regelmäßigen Abständen statt. Alle Teilnehmer verpflichten sich zur Einhaltung des Datenschutzes und zur Schweigepflicht. Ihre Empfehlungen sind Ergebnis kollektiver fachlicher Beratung. Es sitzen unter Umständen alle an einem Tisch: der Mensch mit Hilfebedarf, die Einrichtungen und Dienste, die für ihn eine Kostenübernahme beantragen und diejenigen, die die Kosten bewilligen.

Über die Zusammenarbeit in der Hilfeplankonferenz werden auch die Angebote, Konzepte und Zuständigkeiten der Hilfeanbieter transparent und Versorgungslücken sichtbar.

Die Arbeit einer Hilfeplankonferenz wird im Folgenden am Beispiel des Rheinlandes dargestellt.

Die Hilfeplankonferenzen widmen sich allen Zielgruppen. Da nicht über alle in einer Hilfeplankonferenz beraten werden kann, findet in der Regel eine gemeinsame Beratung für psychisch Kranke, Sucht- und Aidskranke und in einer weiteren Konferenz für geistig behinderte Menschen statt. Grundsätzlich gilt, dass die Beteiligung der fachlich verantwortlichen Einrichtungen und Dienste ermöglicht werden soll. Mit der Zunahme von privaten Anbietern bei der Hilfe zum selbstständigen Wohnen erweitert sich die Palette der Dienste. Ihre Beteiligung ist fast unmöglich, sie sollten sich in einer Arbeitsgemeinschaft organisieren, um eine Vertretung im Gremium zu erreichen. Die Landschaft der Hilfeanbieter ist außerdem sehr vielfältig und es ist deswegen davon auszugehen, dass die Zusammensetzung der Hilfeplankonferenzen zwar ähnlich ist, sie sich aber in der konkreten Zusammensetzung und Arbeitsweise unterscheiden. Rechtliche Grundlage für die Hilfeplankonferenzen ist das SGB XII § 53 und das SGB IX § 9.

Beteiligt sein können für den Bereich Psychiatrie und Sucht beispielsweise:

- der überörtliche Träger der Sozialhilfe, wer ihn vertritt wird oft als Fallmanager bezeichnet,
- der örtliche Sozialhilfeträger,
- andere Leistungsträger (zum Beispiel Krankenkasse, ARGE),
- das Gesundheitsamt (in der Regel der sozialpsychiatrische Dienst),
- die Behindertenkoordination,
- Vertreter der regionalen ambulanten und stationären Leistungsanbieter,
- Vertreter des Sozialpsychiatrischen Zentrums oder der Kontakt- Koordinierungs- und Beratungsstelle für Menschen mit einer geistigen Behinderung,
- Vertreter der klinischen Versorgung, zum Beispiel der Sektorstation (die Station einer psychiatrischen Klinik, die zum Zwecke einer verbesserten Kooperation vorrangig Menschen aus einer bestimmten Region aufnimmt).

**BEISPIEL**   Der Hilfeplan für Frau Benn wurde in der Hilfeplankonferenz vorgestellt. Der Vertreter des überörtlichen Sozialhilfeträgers (Fallmanager) erhielt vier Wochen vor dem Termin, die zu besprechenden Hilfepläne, so auch den von Frau Benn. Die Hilfeplankonferenz, an der 12 Personen beteiligt waren, prüfte den Hilfebedarf und seine Plausibilität. Den relativ hohen Hilfebedarf von Frau Benn erkannte die Hilfeplankonferenz als plausibel an, der Fallmanager folgte der Empfehlung. ✖

 **Risiken und Nebenwirkungen**

**TIPP**

Nutzen Sie das Arbeitsmaterial 11 »Handreichung für Moderatoren von Hilfeplankonferenzen«.

Der fachliche Austausch und das Klima in der Hilfeplankonferenz sind abhängig von den beteiligten Personen. Die Arbeitsbeziehung kann von freundlich-kollegialer Diskussion bis zum Austragen von Streit und Rivalitäten reichen. Die beteiligten Fachkräfte der Hilfeanbieter sind in der Regel nicht neutral und ihre Haltung kann von wirtschaftlichen Interessen geprägt sein. Die Vertreter der Kostenträger sind häufig Verwaltungsmitarbeiter, die sich ihre Meinung nur über die Lektüre des Hilfeplans und bei der kurzen Begegnung mit dem Antragsteller bzw. seinem Betreuer in der Hilfeplankonferenz bilden.

Häufig sind Hilfen notwendig, die in der Kostenträgerschaft anderer liegen. Rentenversicherungsträger, Krankenkassen oder Arbeitsverwaltungen sind jedoch nur selten an Hilfeplankonferenzen beteiligt. Der Mensch mit Hilfebedarf gerät bei der Diskussion um Zuständigkeiten leicht in den Hintergrund.

**Fazit**

Die Zusammenarbeit möglichst aller Beteiligten an der Hilfeplankonferenz ist sinnvoll und notwendig. Um zu einem guten Ergebnis zu kommen, sind Transparenz und Fairness zu wahren.

# Plausibilität der Hilfepläne prüfen, begutachten und eine Empfehlung aussprechen

Aufgabe der Hilfeplankonferenzen ist es, durch kritisches und konstruktives Nachfragen die Hilfeplanung zu überprüfen, zu begutachten und eine Empfehlung auszusprechen. Da die Empfehlung in der Regel für den Kostenträger bindend ist, kann ihre Zusage als Genehmigung verstanden werden. Sie sind auch Gremien der Qualitätssicherung, denn für die Prüfung ist von entscheidender Bedeutung, welche Qualität die Hilfeplanung hat. Für sie ist wichtig zu wissen: Wurden die methodischen Schritte personenbezogener Hilfeplanung eingehalten? Sind die daraus entwickelten Hilfemaßnahmen sinnvoll und plausibel? Passen die beantragten Hilfen?

Ob der Hilfeplan insgesamt oder auszugsweise den Beteiligten in den Gremien vorgelegt wird, ist regional unterschiedlich geregelt, ebenso die Präsentation.

Grundsätzlich muss der Hilfeplan frühzeitig dem Vertreter des Kostenträgers zugegangen sein, regional unterschiedlich wird dies ein bis vier Wochen vorher erwartet. Wie die Beratung in den Gremien organisiert wird, ist abhängig von den Mitgliedern und dafür stehen unterschiedliche Zeitbudgets zur Verfügung (fünf bis 15 Minuten pro Hilfeplan, im Einzelfall mehr Zeit bei strittigen Hilfeplänen oder komplexem Hilfebedarf).

Viel hängt von der Präsentation des Hilfeplans ab, wenig aussagekräftige Maßnahmen können zu Nachteilen für das Hilfeangebot für den Menschen mit Hilfebedarf führen.

**TIPP**

Verschaffen Sie sich darüber Klarheit, wer an den Hilfeplankonferenzen beteiligt und für die Koordination zuständig ist. Bringen Sie in Erfahrung, nach welchen Vorgaben, Schwerpunkten und Kriterien die Hilfepläne geprüft werden.

**TIPP**

Nutzen Sie den in dieser Arbeitshilfe empfohlenen Begleitbogen auf der CD zur Vorstellung von Hilfeplänen in der Hilfeplankonferenz.

**DOKUMENTATION**

Mit dem Hilfeplan macht der Mensch mit Hilfebedarf seinen Unterstützungsbedarf geltend. Sind alle Voraussetzungen erfüllt, hat er einen Rechtsanspruch darauf, den er mit seiner Unterschrift (oder stellvertretend für ihn eine gesetzliche Vertretung) dokumentieren muss. Für die Kostenträger ist er der Auftraggeber. Im Musterhilfeplan von Frau Benn finden Sie entsprechende Angaben im Basisbogen auf Seite 2.

**BEISPIEL**    Die Bezugsbetreuerin Frau Galbo und der gesetzliche Betreuer von Frau Benn, Herr Gerken, nahmen an der Hilfeplankonferenz teil. Frau Benn war dazu nicht bereit. Für die Vorstellung ihres Falles standen 15 Minuten zur Verfügung. Frau Galbo hat die Vorstellung vorbereitet, dafür den Basisbogen und den Bogen V mit Zielen und Maßnahmen kopiert und an alle Teilnehmer der Hilfeplankonferenz verteilt. Ein vollständiger Hilfeplan ging an den Moderator der Hilfeplankonferenz, den Leiter des sozialpsychiatrischen Dienstes beim Gesundheitsamt. Für die Vorstellung benötigte Frau Galbo etwa sieben Minuten. Nach der Vorstellung hatten die Mitglieder der Hilfeplankonferenz nur Verständnisfragen und Anregungen. Wegen des hohen Hilfebedarfs überzog die Hilfeplankonferenz ihre Beratungszeit, folgte aber den im Hilfeplan gemachten Vorschlägen. Die ambulante Betreuung sollte fortgesetzt werden, obwohl die genehmigten elf Fachleistungsstunden pro Woche die Kosten für eine Heimunterbringung leicht überstiegen. Das Ergebnis der Hilfeplankonferenz wurde protokolliert und zwei Tage später erhielt Herr Gerken das Protokoll. Nach zwei Wochen bekam er die schriftliche Zusage des Kostenträgers. **✗**

 **Risiken und Nebenwirkungen**

Was als guter und plausibler Hilfeplan beurteilt wird, liegt im Ermessen der Hilfeplankonferenz. Nicht allen ist der personenzentrierte Ansatz der individuellen Hilfeplanung bewusst, und die Beteiligten können eigene Vorstellungen und Kriterien einbringen. Das kann Raum für kreative Lösungen schaffen, aber auch einschränken und zu Bürokratisierung verleiten. Die Plausibilitätsprüfung erfolgt in der Regel in einem vorgegebenen Zeitrahmen: Muss zu viel nachgefragt werden, erhöht das den Zeitdruck und reduziert die Beratungszeit. Die Arbeitsatmosphäre kann angespannt werden.

**Fazit**

Die Effektivität und Qualität der Plausibilitätsprüfung ist abhängig von der Qualität der Hilfepläne. Alle Beteiligten sollten im Vorfeld wissen, welche Kriterien und Fragen relevant sind.

# Individuell erforderliche Unterstützung fördern und die Berechtigung anderer Hilfen prüfen

Hilfeplankonferenzen sollen über die ermittelte erforderliche Unterstützung beraten und die Berechtigung und Möglichkeit anderer Hilfeformen prüfen. In Anlehnung an den Leitsatz »ambulant vor stationär« soll offenen und ambulanten Versorgungsangeboten Vorrang gewährt und ein möglichst einfacher Zugang ermöglicht werden. Aufgabe der Hilfeplankonferenzen ist es zu überprüfen, ob die Möglichkeit dieser Hilfen berücksichtigt wurde.

**BEISPIEL** Frau Benn erhält Hilfe zum selbstständigen Wohnen, obwohl ihr hoher Hilfebedarf die Unterbringung in einem Wohnheim rechtfertigen würde. Welche Hilfen notwendig sind, damit sie selbstständig wohnen kann, ist im Hilfeplan aufgeführt und betrifft alle Lebensbereiche und erfordert unterschiedliche Hilfeanbieter. Die Koordination der folgenden Hilfen liegt bei der Bezugsbetreuerin Frau Galbo:
- Hilfe zum selbstständigen Wohnen durch das sozialpsychiatrische Zentrum in Person von Frau Galbo und Herr Bernhard.
- Sorge und Organisation der finanziellen Angelegenheiten durch ihren gesetzlichen Betreuer, Herrn Gerken.
- Hilfe für die Haushaltsführung durch eine Reinigungsfachkraft des sozialen Stadtdienstes.
- Vergabe der Medikamente und Hilfe zur Körperpflege durch einen Pflegedienst. ✖

### Risiken und Nebenwirkungen

Der Leitsatz ambulant vor stationär kann aus Kostengründen und hohem fachlichen Ehrgeiz idealisiert werden und ein zu starkes Leitmotiv bei der Einschätzung des Hilfebedarfs sein.

### Fazit

Ambulant zu leben, muss nicht immer und unbedingt heißen, besser zu leben. Echte Wahlmöglichkeit über die Wohnform heißt, sich ohne Druck entscheiden zu können.

**DOKUMENTATION**

In allen Anleitungen zu den regional unterschiedlichen Hilfeplänen werden die Aufgaben der Hilfeplankonferenzen beschrieben. Die Hilfeplankonferenz wird auch Clearingstelle oder Teilhabekonferenz genannt. Ihre Aufgaben werden als Bausteine in gesonderten Positionen im Hilfeplan beschrieben.

# Beteiligungen der Menschen mit Hilfebedarf ermöglichen

**TIPP**

Erkundigen Sie sich, in welcher Form die Beteiligung des Menschen mit Hilfebedarf gewünscht wird und mit welchen Fragen er zu rechnen hat. Informieren Sie ihn ausführlich über die Aufgaben und den Ablauf von Hilfeplankonferenzen und bereiten Sie ihn gut darauf vor.

Ganz unterschiedlich sind die Meinungen zu der Frage, ob und inwieweit Menschen mit Hilfebedarf bei der Beratung ihres Hilfeplans anwesend sein sollten. Übereinstimmung besteht darin, die Beteiligung zu fördern und zu ermöglichen, sie jedoch nicht zu erzwingen. Denn während es dem einen nahezu unerträglich ist, über seine Probleme und seinen Hilfebedarf zu sprechen, empfindet es ein anderer als besondere Aufmerksamkeit und Zugewandtheit. Hilfepläne können in der Regel auf Wunsch auch anonym in der Hilfeplankonferenz vorgestellt werden.

**BEISPIEL** Thomas Richter war stolz darauf, selbstständig wohnen zu können und dass man sich im Hilfeplanverfahren so intensiv mit ihm beschäftigt hat. Ihm gefiel es, dass nach seinen Wünschen gefragt wurde und er sie in seinem Hilfeplan formulieren konnte. Deswegen wollte er auch unbedingt an der Hilfeplankonferenz teilnehmen. Seine Betreuerin bereitete ihn darauf vor, was auf ihm zukommen wird. Sein Hilfeplan war plausibel und die Teilnehmer waren beeindruckt von seinem Auftreten. Denn besser als es im Hilfeplan zum Ausdruck gebracht werden konnte, konnte er persönlich seine große Motivation zum selbstständigen Leben deutlich machen. Nach der Hilfeplankonferenz meinte er: »Ich habe erzählt und so. Die waren freundlich gewesen. Gut gehört, was ich gesagt. Angst musst du davor nicht haben. Ist doch kein Problem. Na also!« ✗

**TIPP**

Wenn es möglich ist, sollten Menschen mit Hilfebedarf ihren Hilfeplan lesen und ihre eigene Sichtweise darin zum Ausdruck bringen. Falls es möglich ist, sollten sie an der Hilfeplankonferenz teilnehmen, jedoch in der Regel nur, um für die Beantwortung von Fragen zur Verfügung zu stehen. Ihnen sollten in den Hilfeplangesprächen ausreichend Aufmerksamkeit und Zeit gewidmet werden, damit sie ihren Hilfebedarf darstellen könne.

## 🖐 Risiken und Nebenwirkungen

Nehmen Menschen mit Hilfebedarf an der Hilfeplankonferenz teil, wird in der Regel mehr Zeit benötigt. Wenn das nicht berücksichtigt wird, entstehen bei den Teilnehmern Zeitdruck und Stress. Begleitpersonen und die Betroffenen geraten in eine exponierte Position. Symptome, wie sie zum Beispiel bei Prüfungen auftreten, können ausgelöst werden: Stress, Nervosität und das Erleben vorgeführt zu werden.

### Fazit

Der Mensch mit Hilfebedarf ist sein eigener Experte und seine Beteiligung an der Hilfeplankonferenz sollte unterstützt und ermöglicht, jedoch nicht erzwungen werden.

# Was sind Kostenträger und welche Aufgaben haben sie?

Kostenträger sind diejenigen, die die Kosten für den notwendigen individuellen Hilfebedarf übernehmen. Ihre Zuständigkeit ist in den Sozialgesetzbüchern geregelt:

- Sozialhilfe (SGB XII)
- gesetzliche Krankenversicherung (SGB V)
- gesetzliche Rentenversicherung (SGB VI)
- Rehabilitation und Teilhabe behinderter Menschen (SGB IX)
- soziale Pflegeversicherung (SGB XI)
- Arbeitsförderung (SGB II)

Krankenkassen und Rentenversicherungen verwalten die Beiträge und sorgen für eine (bedarfs)gerechte Verteilung an ihre Mitglieder. Die gleichen Regeln gelten für alle anderen sozialen Abgaben, wie beispielsweise bei Arbeitslosigkeit oder den Bezug von Sozialhilfe, für deren Verwaltung die örtlichen Sozialämter zuständig sind. In einigen Bundesländern (zum Beispiel in Nordrhein-Westfalen) sind die Landschaftsverbände als überörtliche Träger der Sozialhilfe Kostenträger der Eingliederungshilfe.

Die Aufgabe aller Kostenträger ist es, ihre Mittel so einzusetzen und den Hilfeanbietern (bzw. mit dem persönlichen Budget den Menschen mit Hilfebedarf direkt) zur Verfügung zu stellen, dass den Menschen mit Hilfebedarf Teilhabe am gesellschaftlichen Leben ermöglicht wird. Dass die Hilfen in unterschiedlichen Sozialgesetzbüchern geregelt und unterschiedliche Kostenträger dafür zuständig sind, führt in der Praxis zu Problemen. Denn nicht alle Kostenträger beteiligen sich an der Hilfeplanung und an den Hilfeplankonferenzen und nicht immer eindeutige Regelungen können zu Diskussionen und Auseinandersetzungen über Zuständigkeiten führen. Wenn man den personenbezogenen Ansatz konsequenterweise umsetzen würde, hieße das, die Finanzierungsarten aufeinander abzustimmen.

Die im Folgenden genannten Aufgaben gelten für alle Kostenträger. Dabei muss berücksichtigt werden, dass der Schwerpunkt der Hilfeplanung aus den genannten Gründen derzeit bei der Eingliederungshilfe und den Kostenträgern für Sozialhilfe (SGB XII) sowie Rehabilitation und Teilhabe am gesellschaftlichen Leben (SGB IX) liegt.

# Nach dem Grundsatz ambulant vor stationär handeln und finanzieren

Im Prinzip »ambulant vor stationär« wird der Paradigmenwandel in der Eingliederungshilfe am deutlichsten. Dabei geht es nicht nur darum, Kosten zu reduzieren bzw. den Anstieg zu bremsen, sondern auch um mehr Normalität für die Betroffenen. Wenn die Hilfen, die der Mensch benötigt, in seinem »normalen« Lebensumfeld organisiert werden können, sollte das auch geschehen. Dazu haben sich die Kostenträger eindeutig bekannt. Ambulant vor stationär heißt also: vorrangig alle ambulanten Hilfen zu nutzen, bevor der Wechsel in eine Institution in Erwägung gezogen wird bzw. zu überprüfen, ob und wie der Übergang in das selbstständige Wohnen möglich ist. In den Bundesländern, in denen die Hilfen nach dem SGB XII den Landessozialämtern (die Landschaftsverbände) übertragen wurden, sind deren Zuständigkeiten auch auf Hilfen zum Lebensunterhalt befristet erweitert worden.

Den meisten Menschen fällt es schwer, ihr gewohntes Lebensumfeld zu verlassen. Denn Vertrautes und Gewohntes bietet Sicherheit, ob im Elternhaus oder in einem Wohnheim. Für Menschen mit Hilfebedarf sind Ortswechsel, Beziehungsabbrüche und Veränderungen des Milieus in der Regel schwierig zu bewältigen. Das führt nicht selten zu einem höheren Hilfebedarf, weil sie emotional belastend sind. Ziel der Hilfeplanung sollte es deswegen sein, es dem Menschen mit Hilfebedarf zu ermöglichen, in seinem vertrauten Lebensumfeld zu bleiben, auch wenn der Hilfebedarf größer wird. In der Hilfeplanung muss daher sorgfältig geprüft werden, ob alle Möglichkeiten ausgeschöpft sind, um den Menschen mit Hilfebedarf in einem »normalen« Umfeld zu belassen bzw. ob selbstständiges Wohnen möglich ist.

**BEISPIEL**   Nach der früheren Rechtslage wurden die Hilfen für das selbstständige Wohnen nach einem Personalschlüssel bemessen, zum Beispiel 1:12, was bedeutete, dass für 12 Personen ein Vollzeitmitarbeiter finanziert wurde. Da Frau Benns Hilfebedarf nach diesem Schlüssel mehr Zeit in Anspruch genommen hätte, hätte sie gegen ihren Wunsch in ein Wohnheim ziehen müssen. Heute wird ihr Hilfebedarf in den für sie notwendigen Fachleistungsstunden festgelegt und kann auch dann bewilligt werden, wenn die Kosten kurzfristig über denen einer Heimunterbringung liegen. So ist es in ihrem Fall geschehen. ✗

Benötigt ein Mensch dauerhaft Hilfen, deren Kosten über denen einer Heimunterbringung liegen, bewilligen die Kostenträger sie in der Regel nur vorübergehend und nur wenn davon auszugehen ist, dass sie in einem absehbaren Zeitraum reduziert werden können. Um die ambulante Betreuungsdichte aufrecht erhalten zu können, müssen die »unverhältnismäßigen Mehrkosten« der möglichen ambulanten Betreuung plausibel dargelegt und festgestellt sein. Zwar sollte der geplante Heimplatz dem Menschen verfügbar und zumutbar sein, die Einschätzung darüber kann aber so kontrovers erfolgen, dass eine gerichtliche Klärung notwendig sein kann.

 **Risiken und Nebenwirkungen**
Immer mehr ambulante Hilfeangebote tragen dazu bei, dass immer mehr Menschen mit Hilfebedarf selbstständig leben können. Ein Risiko besteht darin, dass für die Hilfen unterschiedliche Hilfeanbieter und mehrere professionelle Fachleute zuständig sind. Wenn unterstellt wird, dass in der Betroffenen-Helfer-Beziehung vorrangig zwischenmenschliche Faktoren eine Rolle spielen, kann über die Verteilung der Aufgaben auf unterschiedliche ambulante Hilfeanbieter die Betreuungskontinuität, Quantität und Qualität leiden.

**Fazit**
Von der Verwirklichung des Grundsatzes ambulant vor stationär profitiert der Mensch mit Hilfebedarf immer dann, wenn er nach seinen eigenen Vorstellungen und Möglichkeiten leben kann.
Voraussetzung ist, dass die ambulanten Hilfen koordiniert werden und möglichst eine Bezugsperson Kontinuität und die Beziehungsarbeit gewährleistet. Selbstständiges Wohnen ist auch mit hohem Hilfebedarf möglich, stößt aber auf finanzielle Grenzen und mögliche Kontroversen, wenn die ambulanten Kosten der Eingliederungshilfe dauerhaft höher sind als der Heimplatz.

# Unterstützung der Verbundsysteme

Wir haben hervorgehoben, wie wichtig es ist, dass sich die Einrichtungen und Dienste an Verbundsystemen in ihrer Region beteiligen. Kostenträger haben es sich zur Aufgabe gemacht, diesen Prozess der Zusammenarbeit und Kooperation anzustoßen und zu begleiten. Ziel ist die Umsetzung des Prinzips ambulant vor stationär, die Verbesserung von Transparenz, Kooperation und Kommunikation sowie das Offenlegen von Versorgungslücken in der Region.

**BEISPIEL**    Der Landschaftsverband Rheinland (LVR) hat alle Hilfeanbieter in seinem Zuständigkeitsbereich zu Regionalkonferenzen eingeladen. Bestehende Verbundsysteme wurden begrüßt, die Kooperationsstrukturen genutzt und akzeptiert sowie neue angeregt. Zum Beispiel hatte sich die Stadt Solingen auf Anregung der Aktion Psychisch Kranker (APK) entschieden als eine Modellregion einen Verbund zu gründen. Die beteiligten Einrichtungen und Dienste entwickelten eine Geschäftsordnung, in der sie ihre Zusammenarbeit regeln. Über sie entstand eine enge Kooperation, die zum Aufbau der Hilfeplankonferenz beitrug. Dem LVR begegnete eine bereits gut funktionierende Vernetzung, die er anerkannte und für die Zusammenarbeit nutzte.  **✗**

 **Risiken und Nebenwirkungen**
Zu beachten ist, mit welchen Motiven Kostenträger die Verbundsysteme fördern: Üben sie Druck aus, um Kosten zu reduzieren oder fördern sie Kooperationen und Austausch, um für die Menschen mit Hilfebedarf ein optimales Angebot zu ermöglichen?

**Fazit**
Verbundsysteme sind dort sinnvoll, wo die Interessen der Menschen mit Hilfebedarf im Mittelpunkt stehen. Sie können Transparenz, Kooperation und gute Kommunikationsstrukturen ermöglichen und fördern.

# Wie setze ich individuelle Hilfeplanung methodisch und praktisch um?

Die folgenden Kapitel widmen sich dem Schwerpunkt der Arbeitshilfe. Die Methoden individueller Hilfeplanung werden Schritt für Schritt praktisch erläutert.

Das folgende Kapitel widmet sich der grundsätzlichen Haltung und der Vorbereitung. Es wird noch mal hervorgehoben, dass die Art und Weise, wie wir mit den betroffenen Menschen in Kontakt treten, von entscheidender Bedeutung ist und erheblichen Einfluss auf die Ergebnisse der Hilfeplanung hat.

Danach wird es konkret: Es werden die Arbeitsmaterialien in Form einer kommentierten Übersicht vorgestellt. Sie sind auf der beiliegenden CD als PDF-Datei zu finden und können ausgedruckt werden.

Die Arbeitsmaterielien sind das Kernstück des Praxisteils. Die methodischen Schritte werden in der praktischen Umsetzung beschrieben und es wird erklärt, wie und an welcher Stelle die Arbeitsmaterialien sinnvoll angewendet werden können.

Das letzte Kapitel dient der Zusammenfassung und vermittelt einen abschließenden Überblick.

## Vorbereitung der Hilfeplangespräche und fachliche Haltung

### Legen Sie fest, wer die Federführung hat

Für den Menschen mit Hilfebedarf und seine Angehörigen ist es wichtig zu wissen, wer für ihn wann und mit welchen Aufgaben zuständig ist. Zu Beginn der Hilfeplanung können dies durchaus mehrere Menschen sein, die die Hilfeplanung gemeinsam auf den Weg bringen. Anschließend sollte jedoch eine Person die Federführung übernehmen und eine kontinuierliche Begleitung gewährleisten. Dafür werden auch Begriffe wie Case-Management, Bezugsbetreuung oder Person des Vertrauens verwendet. Sie sind für den Menschen mit Hilfebedarf zuständig und tragen die Verantwortung für die Hilfeplanung und Hilfeerbringung.

**TIPP**

Benennen Sie die Aufgaben der federführenden Bezugsperson sehr genau, denn sie ist »Interessenvertreter« für den Menschen mit Hilfebedarf, hat Verantwortung für die Hilfeplanung sowie für den Kontakt und die Koordination der weiteren Helfer und Hilfeanbieter.

**BEISPIEL**   Anfangs kümmerte sich niemand um Frau Benn. Als ihre Probleme größer und offensichtlich wurden, wurde der Stadtdienst Ordnung auf sie aufmerksam. In der Folge wurde Herr Gerken ihr als gesetzlicher Betreuer zur Seite gestellt. Das geschah zwar gegen ihren Willen, war aber unabdingbar. Herr Gerken stellte sehr schnell fest, dass umfangreiche Hilfen notwendig waren. Weil Frau Benn Störungen und Beeinträchtigungen ganz unterschiedlicher Art aufwies, war zunächst unklar, welcher Hilfeanbieter für sie zuständig sein könnte. Er wandte sich an den Sozialpsychiatrischen Dienst der Stadt. Dieser vermittelte den Kontakt zum Sozialpsychiatrischen Zentrum. Im Verlauf der Hilfeplanung übernahm Herr Gerken nur noch Teilaufgaben. Frau Galbo erwies sich aufgrund ihrer langen beruflichen Erfahrung und persönlichen Eignung als die richtige Bezugsperson. Sie übernahm die Federführung für die weitere Hilfeplanung, die Koordination und Abstimmung der Hilfen. ✖

### Risiken und Nebenwirkungen

Wird nicht offen und transparent kommuniziert und kooperiert, muss viel Energie für aufreibende Debatten und die Lösung von Problemen aufgebracht werden. Die Menschen mit Hilfebedarf, ihr Umfeld und die professionellen Helfer können ganz unterschiedliche Aufträge erteilen. Je eindeutiger die Aufgaben formuliert und verteilt sind, umso erfolgreicher kann die Hilfe gestaltet werden.

**Fazit**

Eindeutige, transparente und auf der Basis von Vereinbarungen entstandene Aufgabenverteilung und Zuständigkeiten sind Voraussetzungen für eine erfolgreiche Hilfeplanung.

**DOKUMENTATION**

Im Hilfeplan von Frau Benn auf der CD wird auf der ersten Seite festgelegt, wer die Federführung hat. Im Basisbogen Seite 1: »Für Rückfragen steht zur Verfügung ...«

## Sorgen Sie für Betreuungskontinuität

Für Menschen mit Hilfebedarf sind Beziehungsabbrüche immer schwierig und häufig mit Problemen verbunden. Sie haben Vertrauen entwickelt und müssen neues entwickeln. Sich dauerhaft auf jemanden verlassen können, zu wissen, wer einem für die nächste Zeit zur Seite steht, jemanden zur Seite gestellt zu wissen, dessen Hilfe man annehmen kann, ermöglicht erst Bereitschaft und Motivation, Hilfen anzunehmen.

Weil gute Hilfen in erster Linie auf guten zwischenmenschlichen Beziehungen basieren, ist Beziehungskontinuität entscheidend für eine gute Hilfeplanung.

**BEISPIEL** Es war nicht einfach, für Frau Benn jemanden zu finden, den sie akzeptierte und der bereit war, sie in ihrer schwierigen Lebenssituation über einen längeren Zeitraum zu begleiten. Es stellte sich heraus, dass Frau Benn zu Frau Galbo am meisten Vertrauen entwickelt hatte. Sie akzeptierte sie, weil sie sich von ihr am ehesten verstanden fühlte. Auch Frau Galbo konnte sich darauf einlassen, die Betreuungskontinuität zu gewährleisten. ✕

## Risiken und Nebenwirkungen

Jemanden zur Seite gestellt zu bekommen, der einen auch in sehr persönlichen und intimen Bereichen unterstützen soll, birgt zwischenmenschliche Fallen. Bei zu viel Sympathie kann die professionelle Rolle »verschwimmen«, zu der eines »Freundes« werden und zu neuen Abhängigkeiten führen. Der Mensch mit Hilfebedarf kann bei zu viel Sympathie unter einer rein »dienstlichen Beziehung« leiden. Zu wenig Empathie kann die Umsetzung der Hilfen erschweren. Zu viel Routine bei der Betreuung kann dazu führen, dass bestimmte Ressourcen nicht mehr als förderungswürdig erkannt werden. Im ungünstigen Fall kann das zur Verfestigung von Störungen und Problemen führen. Um solche Fallen zu umgehen, bieten Hilfeanbieter Teambesprechungen und Supervisionen an.

### Fazit

Betreuungskontinuität ist für alle Beteiligten von grundlegender Bedeutung und sollte neue Erfahrungen in der Beziehungsgestaltung ermöglichen. Sie führt zu Problemen, wenn Abhängigkeiten entstehen oder Ressourcen nicht mehr gesehen werden.

## Beteiligen Sie alle wichtige Personen

Kein Mensch ist eine Insel und jeder lebt in einem sozialen Gefüge, wie klein es auch sein mag und selbst extrem einsame Menschen haben soziale Kontakte. In der frühen Beteiligung aller für den Menschen mit Hilfebedarf wichtigen Personen liegt deswegen auch die Chance, ihre Teilhabe am gesellschaftlichen Leben zu verbessern. Denn bevor Angehörige und Freunde Kontakt mit Hilfeanbietern haben, verfügen sie bereits über viele Erfahrungen. Sie sind – wie die Menschen mit Hilfebedarf – Experten in eigener Sache, auch wenn

**DOKUMENTATION**

Sinnvoll ist es, wenn die Zuständigen auch die Bezugsperson mit Betreuungskontinuität sind. Betreuungskontinuität ist allerdings eine fachliche Haltung, die in den Hilfeplänen nicht als solche dokumentiert wird.

sie resigniert sind und nicht (mehr) an positive Veränderung und Entwicklung glauben.

Auch wenn der Mensch mit Hilfebedarf im Mittelpunkt der Hilfeplanung steht, können ihm nahestehende Personen seine Probleme und Fähigkeiten und seinen Hilfebedarf manchmal besser benennen. Hinzu kommt, dass es nicht einfach ist, über persönliche Dinge und Probleme Auskunft zu geben. Sie können auch ganz unterschiedlich wahrgenommen und bewertet werden. Die Unterschiede können gravierend sein und sich erheblich auf die Gestaltung der Hilfen auswirken. Die Diskussion über unterschiedliche Wahrnehmung von Problemen und Fähigkeiten und ihre Bewertung ist wesentlicher Bestandteil der Hilfeplanung.

Häufig werden beispielsweise in den Familien Konflikte ausgetragen und haben sich verfestigt. Hilfeanbieter und ihre Mitarbeiter können diese aus einer neutralen Position »aufbrechen« und neue Wege eröffnen. Bei Menschen, die schon länger Hilfen in Anspruch nehmen, können auch andere professionelle Mitarbeiter von Bedeutung sein, beispielsweise Anleiter aus der Werkstatt für behinderte Menschen. Voraussetzung für ihre Beteiligung an der Hilfeplanung ist es, dass der Mensch mit Hilfebedarf damit einverstanden ist. Möchte er das nicht, ist das zu respektieren. Gibt es fachlich begründete Notwendigkeiten, sie auch gegen seinen Wunsch zu beteiligen, sollten sie begründet werden.

**DOKUMENTATION**

Nachfragen zur Beteiligung von Personen aus dem sozialen Umfeld finden Sie in den Hilfeplänen an den verschiedensten Stellen. Im Musterhilfeplan von Frau Benn im Basisbogen, Seite 1 »Erstellt von der antragstellenden bzw. leistungsberechtigten Person unter Beteiligung von ...«, im Hilfeplan unter Punkt VII »Was weiter wichtig ist ...« und »Fragen zur bisherigen Erfahrung« sowie Punkt XI »Wer soll was tun?«

**TIPP**

Wenn wichtige Menschen aus dem Umfeld nicht beteiligt werden können, kann es hilfreich sein, mit »leeren Stühlen als Platzhalter« und der Methode des zirkulären Fragens zu arbeiten. Ein Beispiel: »Wenn Ihre beste Freundin hier wäre (mit Hinweis auf den leeren Stuhl), was würde sie dazu sagen?«

**BEISPIEL**    Das erste Hilfeplangespräch für Frau Adam fand in der Klinik statt, in der sie damals war. Daran beteiligt waren die Stationsärztin, die Pflegerin, die sie während des Klinikaufenthalts hauptsächlich betreut hat, die beiden Kinder von Frau Adam und Herr Schneider, der ihren Hilfeplan auf den Weg bringen sollte. Alle Versuche von Frau Adam in Erfahrung zu bringen, was sie möchte, scheiterten. Sie antwortet stereotyp: »Ich kann nicht mehr, ich bin zu schwach«. Ihre Kinder und die Pflegerin berichteten über ihre Erfahrung mit Frau Adam und formulierten stellvertretend für sie den Hilfebedarf. Ihre Kinder und ihre Bezugsbetreuerin nahmen nach der Aufnahme von Frau Adam in ein Wohnheim mit ihrem Einverständnis an den weiteren Hilfeplangesprächen teil. Weil sich der Zustand von Frau Adam nur langsam besserte, nutzten sie die Gespräche, um sich in ihrem Beisein weitgehend offen über ihre Erfahrungen und den Umgang mit der Depression auszutauschen. ✖

**Risiken und Nebenwirkungen**

Für die professionellen Helfer ist die Einbeziehung von Laien häufig eine große Herausforderung, denn unterschiedliche Interessen können auch emotional aufeinanderstoßen. Für den Menschen mit Hilfebedarf kann es unangenehm sein, wenn er vor vielen Beteiligten über seine Probleme sprechen soll. Zeitprobleme, problematische Gesprächsinhalte und Fachbegriffe können das Gefühl vermitteln, von den professionellen Helfern »überrollt« zu werden. Erfahrungen mit Gesprächsführung oder Mediation sind hilfreich.

**Fazit**

Wichtige Personen aus dem Umfeld an der Hilfeplanung zu beteiligen, erweitert die Perspektive und ermöglicht ein umfassendes Bild des Menschen mit Hilfebedarf. Das kommt nicht nur seinen Hilfen zugute. Auch das soziale Umfeld und die Familie können sich (positiv) verändern.

## Sorgen Sie für eine gute Gesprächsatmosphäre und Gesprächsführung

Hilfeplanung besteht in erster Linie aus Gesprächen, in denen Informationen und Sichtweisen auch unterschiedlich sein können. Darüber hinaus können Menschen mit Hilfebedarf durch ihre Besonderheiten Gespräche erschweren, sie emotional belasten. Deswegen sollte man sich für Hilfeplangespräche ausreichend Zeit nehmen, den Zeitrahmen mit allen Beteiligten abstimmen, dafür sorgen, dass man nicht gestört wird, für eine gute Atmosphäre und Gesprächsführung sorgen. Im Vorfeld sollte geklärt werden, ob eine Moderation sinnvoll und notwendig ist, denn manchmal kann es hilfreich sein, dass eine »neutrale« Person das Gespräch leitet. Zur weiteren Entlastung können nicht unmittelbar Beteiligte wichtige Inhalte des Hilfeplangespräches protokollieren.

**TIPP**

Es ist zunächst durchaus sinnvoll, die Hilfeplangespräche mit dem Menschen mit Hilfebedarf zu zweit zu führen, um gemeinsam die notwendigen Hilfen zu formulieren und um die Betreuungsbeziehung zu gestalten.

**BEISPIEL** Das Hilfeplangespräch mit Frau Benn findet unter Beteiligung aller relevanter Personen einmal jährlich kurz vor Ablauf der bewilligten Hilfen für den im Hilfeplan festgelegten Zeitraum statt. Neben Frau Benn und Frau Galbo sind daran ihr Lebenspartner (soweit er erreichbar ist), ihr gesetzlicher Betreuer Herrn Gerken, Herr Bernhard als zweite Bezugsperson und der Leiter des Dienstes, Herr Schneider, beteiligt. Für das Gespräch wird das Büro von Herrn Schneider genutzt. Es dauert etwa eine Stunde und Herr Schneider moderiert das Gespräch. Herr Bernhard notiert den Verlauf und die wichtigsten Ergebnisse. Frau Benn genießt die Aufmerksamkeit, die ihr entgegen gebracht wird, auch wenn es um Probleme geht. ✖

Die folgenden Aspekte beschreiben grundlegende fachliche Haltungen, die den Gesprächen und der Qualität des Kontaktes eine positive Ausrichtung geben können. Sie fördern eine gute Gesprächsatmosphäre und basieren auf einer Vielzahl von Erfahrungen von Menschen in helfenden Berufen im Umgang mit Menschen in schwierigen Lebenssituationen. Je mehr es den professionellen Helfern gelingt, diese Aspekte zu berücksichtigen, umso erfolgreicher können die Gespräche zu einer guten Hilfeplanung beitragen.

## Zeit und Raum, Neugier und Interesse

**DOKUMENTATION**

In den Hilfeplänen ist in der Regel Raum vorgesehen, um die Sichtweise des Menschen mit Hilfebedarf aufzunehmen. Aus den Gesprächen ergeben sich häufig auch wichtige Hinweise von Angehörigen. Die Hilfepläne bieten dafür jedoch keinen Raum. Für entsprechende Angaben können Sie die Spalten für die Sichtweise des Menschen mit Hilfebedarf oder der fachlichen Sicht nutzen. Machen Sie kenntlich, von wem der Hinweis stammt, beispielsweise als deutlich gekennzeichnete Äußerung der Mutter: »Meine Tochter ist immer pünktlich. Auf sie kann man sich verlassen.«

Ermöglichen Sie dem Menschen mit Hilfebedarf Zeit und Raum, seine eigenen Gedanken und Wünsche zu äußern. Hören Sie mit Neugier und Interesse zu, und lassen Sie ihm Zeit, über das Gesprochene nachzudenken. Dies gilt auch für Angehörige und Freunde. Gehen Sie davon aus, dass es für die Menschen mit Hilfebedarf und für deren Angehörige emotional belastend sein kann, mit professionellen Helfern über persönliche und familiäre Probleme zu sprechen.

## Verständliche Sprache

Professionelle Helfer verwenden häufig Fachbegriffe oder Abkürzungen, die für sie selbstverständlich und zur Alltagssprache geworden sind (zum Beispiel Ergotherapie, Tagesstruktur, SPZ, BTZ). Für Menschen mit Hilfebedarf und ihre Angehörigen sind diese häufig unverständlich. Sie sollten vermieden bzw. erklärt werden.

## Respekt und Neutralität

Begegnen Sie allen Beteiligten an der Hilfeplanung mit Respekt, auch wenn sie eine andere Meinung vertreten. Denn nur wenn man sich frei und »ungeschützt« äußern kann, ist Veränderung möglich.
Bleiben Sie so neutral wie möglich, auch wenn Sie im Rahmen der Betreuung persönlich schon sehr eingebunden sind. Seien Sie beteiligt, gehen Sie aber auf Distanz und versuchen Sie das, was besprochen und vereinbart wird, neutral zu beurteilen. Auch wenn Sie fachlich erfahren sind und Ihre eigenen Schlüsse bereits gezogen haben, bewahren Sie sich vor dem Glauben, dass Sie die Wahrheit ohnehin

schon wissen. Denn jeder Mensch weist in seiner Entwicklung immer wieder Überraschendes auf und lässt Unerwartetes aufblühen. Seien Sie bereit, den Menschen mit Hilfebedarf und seine Umgebung zu verstehen. Nutzen Sie gemeinsame Situationen, das Handeln und die Gespräche zum Kennenlernen und um Neues zu erfahren.

## Zuversichtlich für neue Lösungen sein

Seien Sie zuversichtlich, ermutigen Sie den Menschen mit Hilfebedarf, dass es auch andere und möglicherweise bessere Lösungen zur Bewältigung seiner Probleme gibt. Manche psychiatrische Erkrankung wird beispielsweise als Lösungsversuch verstanden, um sich aus einer bedrohlichen Situation herauszuhelfen. Sie werden zwar von der Gesellschaft als Fehlverhalten gesehen, können aus der Perspektive des Menschen mit Hilfebedarf aber Lösungsmöglichkeiten sein und der eigenen Selbsterhaltung dienen. Respektieren Sie solche Lösungsversuche und weisen Sie darauf hin, dass es auch andere gibt.

## Wertschätzung und Würdigung

Kein Mensch ist nur durch seine Probleme geprägt, jeder hat besondere Fähigkeiten und Qualitäten. Finden Sie diese heraus und bringen Sie dieses in das Gespräch ein. Das vermittelt Wertschätzung und Würdigung.
Wenn Sie Menschen mit Hilfebedarf fragen, was sie besonders gut können, werden sie die Frage häufig nicht beantworten können. Der Grund kann Bescheidenheit sein oder es kann daran liegen, dass ihre Fähigkeiten bisher nicht ausreichend gewürdigt wurden. Menschen aus dem Umfeld sehen Fähigkeiten bisweilen besser. Wenn diese selbst nicht an den Gesprächen teilnehmen, können Sie beispielsweise auch fragen: »Was würde ihr Vater sagen, worauf er besonders stolz bei Ihnen ist oder was Sie besonders gut können?« Vermitteln Sie positive Verstärkung. Der Mensch mit Hilfebedarf erfährt so emotionale Zuwendung und Wertschätzung seiner Person.

## Gefühle zulassen

Veränderung ist nur möglich, wenn auch die Gefühle, die mit einem Problem zusammenhängen, verändert werden. Gehen Sie deswegen auf emotionale Äußerungen und emotionales Verhalten ein. Beispielsweise wenn Sie sagen: »Ich habe das Gefühl, dass Ihnen das Gespräch über das Problem sehr nahe ging.« Oder: »Als wir über das Thema gesprochen haben, hatte ich den Eindruck, dass Sie das sehr berührt hat.« Bleiben Sie bei sich, d. h., beobachten Sie sich, und nehmen Sie ihre eigenen Gefühle wahr, atmen Sie tief durch, erlauben Sie sich und den anderen auch eine Zeit des Schweigens. Versuchen Sie die Gefühle der Beteiligten zu registrieren und melden Sie sie ihnen zurück, dass sie diese wahrnehmen und zulassen können. Vermeiden Sie vorschnelle Erklärungen, Bewertungen oder gar Urteile.

## Gelassen sein

Bleiben Sie gelassen, auch wenn das Gespräch emotional geführt wird. Gelassenheit meint nicht Gleichgültigkeit, sondern bei sich selbst zu bleiben, ruhig, offen und präsent zu sein.

## Einverständnis einholen

Alles, was im Hilfeplanverfahren geschieht, sollte für den Menschen mit Hilfebedarf transparent sein und (soweit das möglich ist) nur mit seinem Einverständnis geschehen. Fragen Sie deswegen, ob er einverstanden ist, dass über ihn geredet wird, und geben Sie ihm die Möglichkeit, das Gespräch jederzeit zu unterbrechen, wenn er mit dem Verlauf nicht einverstanden ist. Werden Themen intimer, fragen Sie von sich aus, ob er damit einverstanden ist. Weil direkte Ansprache auch mit Stress verbunden sein kann, kann es hilfreich sein, in seiner Anwesenheit in der dritten Person über ihn und seine Probleme zu sprechen.

## Hypothesen aussprechen

Trauen Sie sich, Ihre persönlichen Eindrücke und Ideen im Gespräch durchaus hypothetisch zu formulieren. Fragen Sie nach, ob Ihre Ideen und Hypothesen von den Beteiligten bestätigt werden.

## Empathie und Sympathie

Prüfen Sie, ob es Ihnen möglich ist, Empathie für den Menschen mit Hilfebedarf zu entwickeln. Empathie zu haben bedeutet, dass es Ihnen möglich ist, sich in die Problemlage des Betroffenen einzufühlen und ihm das zu verstehen geben zu können. Bei der Vielschichtigkeit und der teilweise erlebten Dramatik und Tragödie der Menschen mit Hilfebedarf mag das oft ein hoher Anspruch sein. Gelingt es Ihnen, trägt das zur Verbesserung der Beziehungsarbeit bei. Der Betreffende fühlt sich verstanden.

Reflektieren Sie offen über sich selbst, welche Verhaltensweisen und Fähigkeiten des Menschen mit Hilfebedarf Ihnen sympathisch sind und welche nicht. Mit Sympathie fällt Ihnen der Kontakt, die Gestaltung der Hilfen und das Miteinander leichter. Ihre dadurch entwickelte Haltung motiviert den Betroffenen mit Ihnen gemeinsam das, was zu tun ist, zu bewältigen. Sympathie richtet sich in der Regel an die Vorzüge der Personen, sie fördert und weckt die persönlichen Ressourcen.

Prüfen Sie, was der Grund Ihrer Antipathie sein könnte bzw. warum bestimmte Verhaltensweisen Ihnen unsympathisch sind. Mit wem hat es wie viel zu tun? Sind diese Hindernisse zu überwinden? Gegebenenfalls beraten Sie sich in ihrem Team und/oder nehmen Sie eine Supervision in Anspruch. Zwingen Sie sich nicht zur Freundlichkeit und sorgen Sie im Zweifelsfalle für eine andere personelle Lösung.

## Humor

Humor ist ein Bestandteil unserer Kommunikation. Im humorvollen Einwurf liegt die Möglichkeit, eine Situation aufzubrechen oder gar zu deeskalieren. »Die Energie, die durch die humorvolle Aufhebung des seelischen Staus freigeworden ist, lachen wir gleichsam ab.« (OELSNER 2008) Und Sigmund Freud meinte, der Witz trage Hemmungen ab. Mit Humor steigt man nicht aus einer Situation aus, sondern eröffnet einen neuen Schauplatz. »Das überrascht und lässt vielleicht auch etwas Abstand gewinnen.« Humor lässt uns eine Situation leichter aushalten. Das gilt selbstverständlich auch für Menschen mit Hilfebedarf und für Gespräche im Rahmen der Hilfeplanung. Humor sollte deswegen eine Grundhaltung sein und nicht mit auslachen oder sich über Eigenheiten und Besonderheiten lustig zu machen, verwechselt werden.

## Authentizität bewahren

Die Art und Weise, wie Sie Gespräche führen, ist davon geprägt ob und inwieweit die bisher genannten Aspekte mit der eigenen Haltung und Überzeugung übereinstimmen und vereinbar sind. Man wirkt nicht dadurch authentisch, dass man beispielsweise bestimmte Gesprächstechniken beherrscht. Das kann hilfreich sein, aber solche Techniken sind nur Mittel zum Zweck. Authentizität wird deutlich, wenn die Art und Weise des persönlichen Ausdrucks im Fühlen, Sprechen und Handeln übereinstimmt, wenn die verwandten Techniken sozusagen »in Fleisch und Blut« übergegangen sind. Zur eigenen Authentizität kann man beitragen, wenn man beispielsweise in angemessener und ehrlicher Weise Transparenz über die eigene Unsicherheit in schwierigen Gesprächen herstellt. Das muss nicht heißen, die Verantwortung abzugeben, kann aber die Chance eröffnen, damit etwas Positives zum Gesprächsverlauf beizutragen. Authentisch sein, heißt als Person erkennbar und einschätzbar zu sein, als derjenige, der professionelles Handeln gelernt hat und der auf seine persönliche und individuelle Lebenserfahrung zurückgreifen kann.

## Kenntnis der eigenen Person

Wer Hilfe anbietet, eignet sich in besonderer Weise, ungelöste Probleme übertragen zu bekommen. Für helfende Personen ist es daher wichtig, sich bewusst zu sein, auf welche Beziehungsmuster oder emotionale Haltungen die Besonderheiten des Menschen mit Hilfebedarf bei Ihnen selbst treffen können. Die eigene Kommunikations- und Kontaktfähigkeit bei der Begegnung steht im engen Zusammenhang damit und kann die eigene Psychohygiene beeinflussen. Insbesondere der Kontakt mit Menschen einer ausgeprägten Persönlichkeitsstörung kann belastend und herausfordernd sein. Bilden Sie sich fachlich fort, reflektieren Sie die Beziehungsarbeit regelmäßig in Ihren Teams und sorgen Sie für Ihren persönlichen Ausgleich und Ihr privates Glück.

 **Risiken und Nebenwirkungen**

Nicht immer sind alle Beteiligten bereit oder dazu in der Lage, ausreichend Zeit und Aufmerksamkeit für die Hilfeplangespräche aufzuwenden. Unterschiedliche Meinungen, Streit und Konflikte können eine Gesprächsatmosphäre negativ beeinflussen und stören. Sie können für den Menschen mit Hilfebedarf emotional belastend sein.

Ein Risiko besteht auch darin, sich selbst mit den fachlichen Haltungen und Methoden unter Druck zu setzen und zu gut sein zu wollen. Erreicht man mit den Gesprächen, dass die Beteiligten sich öffnen und Bereitschaft entwickeln auch über emotional belastende Dinge zu sprechen, erhöht das ihre Verletzbarkeit und Kränkbarkeit.

Werden Gesprächsmethoden ohne Authentizität als reine Technik angewendet, kann das kontraproduktiv wirken, es kann sich Widerstand verhärten und es können sich keine vertrauensbildenden Maßnahmen entwickeln.

**Fazit**

Hilfeplanung ist abhängig von der Kommunikationsfähigkeit aller Beteiligten und der Erfolg der Hilfeplangespräche von einer guten Gesprächsatmosphäre.

Das Erlernen und die Aneignung einer gesprächsfördernden fachlichen Haltung fördern die Qualität zwischenmenschlichen Umgehens und die Kommunikation. Authentisch und mit Selbstwahrnehmung geführt, können sie therapeutische Wirkung haben und den Hilfeplanprozess wirksam fördern.

# Vorstellung der Arbeitsmaterialien

Die Arbeitsmaterialien des Praxisteils sind von zentraler Bedeutung. Sie werden im Folgenden vorgestellt und können von der beiliegenden CD als PDF-Datei ausgedruckt werden. Zu jedem Arbeitsmaterial finden Sie eine ausführlichere Beschreibung und Sie erfahren, wie sie sinnvoll verwendet werden kann. Die Reihenfolge folgt der Chronologie der empfohlenen Anwendung. Sie haben bei der Hilfeplanung einen unterschiedlichen Umfang und Stellenwert.

- Die Arbeitsmaterialien 1 bis 8 dienen zur Unterstützung der Hilfeplanung und sollen zu einer besseren Qualität beitragen.
- Die Arbeitsmaterialien 10 bis 11 vermitteln Orientierungshilfen zu einer geeigneten Einschätzung des Hilfeplanprozesses.
- Das Arbeitsmaterial 12 ist ein Musterhilfeplan in der Fassung des Landschaftsverbandes Rheinland (LVR) vom Sommer 2010.

Die Arbeitsmaterialien sind Anregungen, nicht mehr aber auch nicht weniger. Die Gespräche anhand der Materialien sind zeitaufwendig und fordern Aufmerksamkeit und Präsenz aller Beteiligten. Nicht alle Menschen mit Hilfebedarf werden aufgrund ihrer Störungen und Beeinträchtigungen alle Fragen während eines Gespräches beantworten können. Es kann deswegen sinnvoll sein, die Hilfeplangespräche in mehreren Abschnitten durchzuführen. Denn Zeit und Druck führen zu Stress und beeinträchtigen die Wahrnehmung. Professionelle Helfer sollten Ausdauer und Interesse haben, um in Erfahrung zu bringen, was für den Menschen mit Hilfebedarf von Bedeutung ist.

## Arbeitsmaterial 1: Gesprächsleitfaden für Hilfeplangespräche

Der Gesprächsleitfaden ist aus der Praxis entstanden und führt Schritt für Schritt durch das Hilfeplangespräch, dient der Orientierung und Strukturierung und beinhaltet Fragen zu allen wichtigen Themen.

Auf diesen Gesprächsleitfaden bauen alle weiteren Arbeitsmaterialien auf. Er eignet sich in besonderer Weise für die ersten Hilfeplangespräche.

Weil es insbesondere den Menschen mit einer geistigen Behinderung manchmal nicht möglich ist, komplexe Zusammenhänge aufzunehmen oder abstrakt zu denken, nutzt der Gesprächsleitfaden vorrangig eine leichte Sprache.

 **Risiken und Nebenwirkungen**
Mit einer vorgegebenen Reihenfolge besteht die Gefahr, die eigene Kreativität bei der Gesprächsführung zu vernachlässigen.
**Fazit**
Die Funktion des Gesprächsleitfadens ist es, Orientierung sowie Anregung zu geben und im Interesse des Betroffenen möglichst viele, wichtige und relevante Fragen zu stellen.

## Arbeitsmaterial 2.1 bis 2.10: Checklisten zu den Lebensbereichen in Anlehnung an die ICF

Die Checklisten sind für folgende Themen:
- 2.1 Übersichtsbogen
- 2.2 Wohnen (ICF: Selbstversorgung, häusliches und wirtschaftliches Leben)
- 2.3 Lernen, Beschäftigung, Arbeit, Ausbildung und Schule (ICF: Lernen und Wissensanwendung, bedeutende Lebensbereiche)
- 2.4 Freizeit und Kultur (ICF: Gemeinschafts-, soziales und staatsbürgerliches Leben, Teilhabe)
- 2.5 Soziale Beziehungen (ICF: Kommunikation, interpersonelle Interaktion und Beziehungen)
- 2.6 Gesundheit (ICF: Sinnliche Wahrnehmung, mentale Funktionen, Mobilität)
- 2.7 Skala zur Einschätzung der Leistungsfähigkeit und zum Schweregrad der Probleme
- 2.8 Umweltfaktoren nach ICF (Produkte und Technologien, natürliche und vom Menschen veränderte Umwelt, Unterstützung und Beziehungen, Einstellungen, Dienste, Systeme und Handlungsgrundsätze)
- 2.9 Personenbezogene Faktoren
- 2.10 Skala zur Einschätzung der Umweltfaktoren als Förderfaktor oder Barriere

Neben dem Arbeitsmaterial 1 sind diese Checklisten das zweite Kernstück der Arbeitshilfe.
Zum besseren Verständnis und zur Vergegenwärtigung des ICF-Hin-

**DOKUMENTATION**

Die Antworten auf die Fragen erfordern eine Zuordnung zu den einzelnen Spalten der Hilfepläne, die in der Regel die beschriebenen Lebensbereiche abbilden.

tergrunds ist es hilfreich, vor der praktischen Nutzung das entsprechende Kapitel zu lesen und sich die Checklisten von der CD auszudrucken.

Insbesondere die Anwendung der Skala zur Einschätzung der Leistungsfähigkeit und zum Schweregrad der Probleme, 2.7, und der Skala zur Einschätzung der Umweltfaktoren als Förderfaktor oder Barriere, 2.10, bedürfen der Übung und Gewöhnung. Es wird zunächst eine Zeit dauern, sich mit dieser Sichtweise vertraut zu machen. Bitte beachten Sie daher die Anleitung zu den Arbeitsmaterialien, die auf der CD zu finden ist.

Die umfassende Liste der spezifischen Begriffe dient der Orientierung und Anregung. Die Liste ist nicht vollzählig und lädt ein, sie aus der eigenen Erfahrung und Praxis zu ergänzen oder zu verändern.

**BEISPIEL**   Für Thomas Richter war der Hilfebedarf einfach zu ermitteln. Er hat ihn selber formuliert und eine relativ genaue Einschätzung seiner Leistungsfähigkeit wiedergeben können. Er konnte deutlich sagen, was er ohne Probleme machen kann, wobei er Probleme hat, aber keine Hilfe benötigt, und in welchen Bereichen er Unterstützung benötigt. Seine Betreuerin, Frau Berger, sprach aber auch mit seiner Mutter und seinem Gruppenleiter in der Werkstatt für behinderte Menschen über Themen anhand der Checklisten der einzelnen Lebensbereiche. Sie stellten fest, dass Herr Richter Anleitung und Aufforderung bei vielen hauswirtschaftlichen Dingen benötigte, die er von sich aus nicht erwähnte. Es wurde empfohlen, ihn bei der Durchführung einiger Aufgaben zu kontrollieren. Das betraf insbesondere die tägliche Körperpflege. Er brauche zudem Unterstützung beim Umgang mit Geld und Behörden.

Im Falle von Herrn Richter konnte der Hilfebedarf nach und nach in der Reihenfolge der Lebensbereiche ermittelt werden, weil es ihm leicht fiel, dem Gespräch für längere Zeit zu folgen. Alle Lebensbereiche wurden angesprochen und sein Hilfebedarf benannt. Weil er seine Fähigkeiten überschätzte, war er nicht mit allen Maßnahmen einverstanden, beispielsweise damit, dass seine Mutter meinte, er müsse sich täglich rasieren. Darüber wurde er zornig. Schließlich einigte man sich darauf, dass auch ein Dreitagebart zu akzeptieren ist. ✖

### ✋ Risiken und Nebenwirkungen

Nutzt man die Checklisten vollständig, kann das den Menschen mit Hilfebedarf durch die Fülle der möglichen Aufgaben, die zum Leben gehören, verschrecken oder überfordern sowie Hilfeanbieter zu »Rundum-Versorgungspakete« verleiten. Die Arbeitsmaterialien können als Textbausteine verwendet werden und dazu verleiten, das individuelle Beschreiben zu vernachlässigen.

**Fazit**

Checklisten sind zwar hilfreich, die individuelle Charakterisierung der Persönlichkeit des Menschen mit Hilfebedarf hat aber nachdrücklich Vorrang. Das Arbeitsmaterial ist nur dann sinnvoll, wenn es nicht formal und ungeprüft verwendet wird. Seine Funktion ist Orientierung, Anregung und im Interesse des Betroffenen an möglichst viele wichtige relevante Aspekte zu denken. Dabei transportieren Texte wichtige Mitteilungen und Inhalte. Vor der Verwendung von Textbausteinen wird gewarnt.

## Arbeitsmaterial 3: Therapeutisches Milieu

Die Entwicklung der Menschen mit Hilfebedarf wird von den mit ihnen in Kontakt und Kommunikation stehenden Mitmenschen stark beeinflusst. Beziehungsarbeit hat dabei einen großen Stellenwert. Dieses Arbeitsmaterial dient der Diagnostik des Lebensumfelds. Mit ihr kann ermittelt werden, welchen Einfluss Umgebung, Wohn- und Lebensatmosphäre und das soziale Gefüge auf Probleme und Krisen haben. Sie eignet sich insbesondere zur Verwendung im Team und bei Fallbesprechungen.

Die Inhalte des Bogens Therapeutisches Milieu entstammen dem Buch »Affektlogik« von Luc Ciompi und wurden den spezifischen Zielsetzungen dieser Arbeitshilfe angepasst. Ziel ist es, mit ihrer Hilfe zu beschreiben, wie positive und negative Milieueinflüsse auf die psychische und emotionale Verfassung besonders empfindsamer Menschen wirken können.

Die Erfahrung zeigt: Milieus wirken. Sie werden zwar häufig in ihrer Wirkung wahrgenommen, aber nicht als veränderbar erlebt. Von Menschen mit Hilfebedarf werden sie eher gefühlt und gespürt und als gegeben hingenommen. Helfer spüren häufig intuitiv, dass das Milieu und seine Atmosphäre nicht hilfreich sind. Es fällt vielen jedoch schwer, einen Zusammenhang zwischen Symptomen und dem Lebensmilieu herzustellen. Dieses Arbeitsmaterial kann Hinweise darauf geben, ob beispielsweise das soziale Gefüge oder die Einrichtung, in der der Mensch mit Hilfebedarf lebt, günstigen oder ungünstigen Einfluss ausübt.

In der ersten Spalte sind Symptome einer psychischen Beeinträchti-

**DOKUMENTATION**

Die Informationen aus den Gesprächen werden ihre eigene Ordnung haben. Das Ziel besteht darin, einen Gesprächsfluss zu ermöglichen und nicht Checklisten abzuhaken. Beim Verfassen des Hilfeplans ist es sinnvoll, die Gesprächsinhalte anhand der Checklisten und der Lebensbereiche zu ordnen. Wenn Sie sich damit nach und nach vertraut machen, und die Inhalte dieser Ordnung anpassen, erleichtert das die Übersicht und der Hilfebedarf kann genauer bezeichnet werden.

**TIPP**

Die Hinweise aus dem Arbeitsmaterial Milieu sollten in der fachlichen Einschätzung im Hilfeplan zum Ausdruck kommt. Sie eignet sich in besonderer Weise zur Unterstützung bei Fallbesprechungen in professionellen Teams.

gung genannt. Nachdem Sie den Menschen mit Hilfebedarf kennengelernt haben, versuchen Sie einzuschätzen, welche Symptome auf ihn zutreffen könnten. Das können Sie alleine, mit den an der Hilfeplanung beteiligten Personen oder mithilfe Ihres Betreuerteams durchführen. Sie können diese mit den in der zweiten Spalte genannten Milieueinflüssen vergleichen. Leidet der Mensch beispielsweise unter Angstzuständen, Spannung oder Erregung, kann überprüft werden, ob seine aktuelle Lebenssituation beispielsweise durch zu viele Reize geprägt ist. In der dritten Spalte sind Hinweise darauf zu finden, was sich auf die Symptome günstig auswirken kann. Bei dem Beispiel Angstzustände sind das Entspannung, Ruhe, Sicherheit, Gelassenheit und eine Reduzierung von Reizen.

**BEISPIEL**    Durch seine geistige Behinderung ist es Thomas Richter nur schwer möglich, sein Verhalten zu reflektieren. Er kann zwar sagen »Wenn mich auf der Arbeit einer stört, werd ich erzzörnig«. Warum und aus welchem Anlass er zornig wird, ist ihm in der Regel nicht bewusst. Sein Vorarbeiter in der Werkstatt für behinderte Menschen erläuterte im Hilfeplangespräch, dass er leicht reizbar ist, was manchmal zu heftigen verbalen Auseinandersetzungen mit seinen Arbeitskollegen führt. Seine Kollegen berichteten, dass auch seine ausgeprägte Fantasie zu Problemen führen kann. Seine Mutter meint, dass man ihn gut kennen muss, um bei ihm zwischen Wahrheit und Fantasie unterscheiden zu können. Seine Bezugsbetreuung nutzte das Arbeitsmaterial zum Milieu, um zu ermitteln, welche Einflüsse und welche fachliche Haltung einen günstigen Einfluss auf ihn ausüben können.

Sie leitete daraus ab, dass ihm Vertrauen entgegengebracht werden muss und es hilfreich ist, über seine Wahrnehmungen, Gedanken und Gefühle eine wertschätzende Rückmeldung zu bekommen. Außerdem benötigt er Eindeutigkeit im Hinblick auf Ge- und Verbote und er muss genau wissen, welche Erwartungen an ihn gestellt werden. Die Einhaltung dieser Hinweise führte dazu, seine Neigung zur »Erzürnung« zu reduzieren. ✖

 **Risiken und Nebenwirkungen**

Die Einschätzung und Bewertung eines Milieus ist subjektiv. Milieus werden unterschiedlich erlebt. Ein ungünstiges Milieu kann vom Menschen mit Hilfebedarf auch als Heimat, Zugehörigkeit und Gewohnheit erlebt werden.

**DOKUMENTATION**

Sie sind zwar gefordert, die aus dem Arbeitsmaterial zum Milieu abgeleiteten Maßnahmen an die vorgesehenen Stellen des Hilfeplans zu übertragen, doch nicht immer lassen sich daraus konkrete Zeitwerte ableiten. Im Hilfeplan von Frau Benn auf der CD wurden unter Punkt VII »Bisherige Erfahrungen«, Punkt X »Was soll zukünftig konkret erreicht werden?« und Punkt XI »Was soll getan werden, um die Ziele zu erreichen?« entsprechende Maßnahmen genannt.

**Fazit**

Milieus wirken und müssen berücksichtigt werden. Veränderung kann zwar hilfreich sein, muss sich aber am Erleben und dem eigenen Tempo des Betroffenen orientieren.

## Arbeitsmaterial 4: Krisenfragebogen

Der Bogen beinhaltet Fragen zum Umgang mit und Erfahrungen in Krisen. Gerade Krisen sind im Leben der Menschen von entscheidender Bedeutung. Wenn sich auch in den Hilfeplänen nicht explizit Fragen auf den Umgang mit Krisen beziehen, so haben sie doch für die Gestaltung geeigneter Hilfen eine hohe Relevanz. Die Bearbeitung der Fragen wird daher empfohlen.

## Arbeitsmaterial 5: Fragen zur persönlichen Geschichte

Der Fragenkatalog dient der Ermittlung sogenannter anamnestischer Angaben. Dabei geht es vorrangig darum, das persönliche Erleben und die bisherigen Erfahrungen aus der Kindheit sowie Erfahrungen mit bereits in Anspruch genommenen Hilfen, insofern das für die weitere Hilfeplanung von Bedeutung sein könnte, in Erfahrung zu bringen.

## Arbeitsmaterial 6: Begleitbogen zur erstmaligen Vorstellung eines Hilfeplans in der Hilfeplankonferenz

Der Begleitbogen benennt die zu erwartenden Fragen der Hilfeplankonferenz. Er hilft bei der Vorstellung des Hilfeplans und soll ein gewisses Maß an Sicherheit vermitteln, um nachzuweisen, dass die notwendigen Hilfeplanungsschritte vorgenommen wurden. Die Verwendung kann zur Strukturierung der Berichterstattung in der Hilfeplankonferenz beitragen.
Sie finden den Bogen auf der nächsten Doppelseite.

**DOKUMENTATION**

Die Hilfepläne bieten den Angaben zu Krisen in der Regel keinen gesonderten Raum. Antworten auf Grundlage des Krisenfragebogens müssen deswegen dort zugeordnet werden, wo sie passen. In der Regel ist das der Lebensbereich Gesundheit. Im Musterhilfeplan für Frau Benn auf der CD finden Sie dafür Angaben unter Punkt VII »Was weiter wichtig ist und bisherige Erfahrungen«.

**DOKUMENTATION**

Einige Hilfepläne verwenden eigene Bausteine für die Erfassung der anamnestischen Daten. Entsprechende Angaben finden Sie im Musterhilfeplan von Frau Benn auf der CD unter Punkt VII »Was weiter wichtig ist und bisherige Erfahrungen«.

## Arbeitsmaterial 6: **Begleitbogen zur Vorstellung von Hilfeplänen in der Hilfeplankonferenz**

### Das sollten Sie wissen

Dieser Begleitbogen soll
- den Teilnehmern der Hilfeplankonferenzen eine Struktur anbieten, damit nach der Vorstellung des Hilfeplans Zeit bleibt, um Fragen beantworten zu können;
- denjenigen, die den Hilfeplan vorstellen, eine Orientierung geben und Sicherheit bei der Präsentation vermitteln;
- nachweisen, dass die Hilfeplanung im Sinne einer personenzentrierten Methodik vorgenommen wurde.

Der Begleitbogen ist kein Formular, das dem Gremium vorgelegt wird. Er dient bei der Vorstellung des Hilfeplans als Orientierung.

### Darauf sollten Sie achten

Nicht für alle Hilfeplankonferenzen sind mit dem Begleitbogen alle Fragen beantwortet. Fragen insbesondere zu anamnestischen Daten sind zu erwarten.
Der Begleitbogen vermittelt zwar Sicherheit, es ist jedoch notwendig, sich vorher über Verfahrensweisen, Regeln und Besonderheiten der Hilfeplankonferenz zu informieren.

### So verwenden Sie den Begleitbogen sinnvoll

Nehmen Sie den vorzustellenden Hilfeplan zur Hand und notieren Sie sich Stichworte, Auszüge oder Verweise, die der Beantwortung der dort aufgeführten Fragen dienen, auf dem Begleitbogen. Die eigenen Notizen auf dem Begleitbogen sollen durchaus Ihrem persönlichen Stil entsprechen.

### Präsentieren Sie den Hilfeplan in der Chronologie des Begleitbogens den Hilfeplankonferenz-Teilnehmern

1. Teilen Sie die Basisdaten mit (anonyme Vorstellung oder Name, Alter, Adresse etc.).
2. Teilen Sie mit, ob und wann die Hilfen beim Kostenträger angemeldet wurden (Datum und bei wem).
3. Teilen Sie mit, ob ein Sozialhilfegrundantrag gestellt wurde (Datum und bei wem).
4. Teilen Sie mit, ob eine gesetzliche Betreuung besteht (Name, Wirkungskreis, Art der Mitwirkung beim Hilfeplan).
5. Beschreiben Sie die Wohnverhältnisse des Menschen mit Hilfebedarf (Aufenthalt, Lebensumstände).
6. Geben Sie an, über welches Einkommen der Mensch mit Hilfebedarf verfügt (Gehalt, Rente, Arbeitslosengeld, Grundsicherung etc.).
7. Beschreiben Sie die Art der Mitwirkung des Antragstellers:
   - Wurde er beteiligt?
   - Wie und in welcher Form?
   - Wenn nicht, bitte begründen.
   - Welche vorrangigen Ziele hat er zum Ausdruck gebracht? Diese in Kurzform benennen.
8. Beschreiben Sie den Hilfeplanungsprozess:
   - Wurden weitere relevante Menschen aus dem Umfeld in die Hilfeplanung einbezogen?
   - Wenn ja, wer?
   - Mit welchem Ergebnis?
   - Wenn nicht, bitte begründen.
   - Wurde eine Person als Bezugsperson (Case-Management) benannt?
   - Wenn ja, wer und warum diese Person.
9. Informieren Sie über bestehende Hilfen (Hilfe aus dem sozialen Umfeld, Selbsthilfegruppen, Angehörige, Nachbarn und andere soziale Hilfen wie Pflegedienst, Therapiegruppen etc.).
10. Informieren Sie über die Art der aktuellen Beschäftigung (ausgeübter Beruf oder ausgeübte Tätigkeit).
11. Beschreiben Sie die Art und Weise der Störungen, Beeinträchtigungen, Erkrankungen oder Behinderungen (Diagnose).
12. Berichten Sie über das bisherige Vorgehen: Kontaktaufnahme, Beschreibung der bisher in Anspruch genommenen Hilfen, wichtige anamnestische Daten in Kurzform und andere wesentliche Gesichtspunkte.
13. Benennen Sie die konkreten Ziele für den Zeitraum des Hilfeplans.
14. Fassen Sie den vorrangigen Hilfebedarf zusammen (in welchem Lebensbereich vorrangig und warum).
15. Berichten Sie über die geplanten Maßnahmen und den geschätzten Zeitaufwand (Stunden pro Woche für welchen Zeitraum).
16. Berichten Sie, ob über die Hilfeplanung Konsens besteht oder ob abweichende Meinungen bestehen. Wenn ja, bei wem und mit welcher Begründung.

## Arbeitsmaterial 7: Fragen zur Zufriedenheit

DOKUMENTATION

Die Hilfepläne verwenden zur Erfassung der Zufriedenheit in der Regel keine eigenen Rubriken. Antworten auf Grundlage dieser Fragen müssen Sie daher dort zuordnen, wo sie passen. Dabei sollten Sie kenntlich machen, dass Sie Fragen zur Zufriedenheit gestellt haben. Im Hilfeplan von Frau Benn auf der CD finden Sie entsprechende Angaben in dem Bogen IV.

Der Fragebogen beinhaltet in erster Linie Fragen zur Zufriedenheit mit den in Anspruch genommenen Hilfen. Er eignet sich zur Überprüfung der Qualität der Hilfen und zur Fortschreibung des Hilfeplans.

## Arbeitsmaterial 8: Begleitbogen zur Vorstellung der Fortschreibung eines Hilfeplans in der Hilfeplankonferenz

Der Begleitbogen fasst die zu erwartenden Fragen der Hilfeplankonferenz zusammen, die für die Fortschreibung und Fortsetzung der Hilfen bedeutsam sein könnten. Er soll denjenigen zu einem gewissen Maß an Sicherheit verhelfen, die den Hilfeplan vorstellen.

## Arbeitsmaterial 9: Orientierungshilfe zur Hilfeplanung – Handreichung für Menschen mit Hilfebedarf

Mit dieser Orientierungshilfe sollen Kriterien vermittelt werden, mit denen Menschen mit Hilfebedarf erkennen können, ob die Hilfeplanung für sie gut auf den Weg gebracht und eine personenzentrierte Sichtweise verfolgt wurde.

## Arbeitsmaterial 10: Orientierungshilfe zur Hilfeplanung – Handreichung für Angehörige

Auch Angehörige benötigen einen Kriterienkatalog, um zu erkennen, ob das, was für den Menschen mit Hilfebedarf unternommen wird, einer guten Hilfeplanung entspricht. Dazu dient diese Orientierungshilfe, in der Fragen zu allen relevanten Themen zu finden sind.

## Arbeitsmaterial 11: Orientierungshilfe zur Hilfeplanung – Handreichung für Moderatoren von Hilfeplankonferenzen

Jede Hilfeplankonferenz ist anders zusammengesetzt und hat ihre spezifische Arbeitsweise. In dieser Orientierungshilfe sind unabhängig davon Kriterien für die Beurteilung der Plausibilität von Hilfeplänen und zur Einhaltung der Methodik individueller Hilfeplanung benannt.

## Arbeitsmaterial 12: Musterhilfeplan IHP 3, gültig ab Sommer 2010, für Juliane Benn in der Fassung des Landschaftsverbandes Rheinland (LVR)

In dem Hilfeplan dient Frau Juliane Benn als Beispiel. Es soll verdeutlicht werden, wie die über die Arbeitsmaterialien ermittelten Hilfen in ihrem Hilfeplan berücksichtigt werden können.

Als Beispiel hier ein Auszug aus der Hilfeplanung zum Bereich Wohnen:

**DOKUMENTATION**

Die Reihenfolge der meisten Hilfepläne folgt dem beschriebenen methodischen Aufbau und die entsprechenden Teile werden als solche benannt.

**ARBEITSMATERIAL 12**

Seite 14

| Nr. | X. Was soll zukünftig konkret erreicht werden? | Bis wann? | Nr. | XI. Was soll getan werden, um die Ziele zu erreichen? | Wer soll das tun? | Wo soll das gemacht werden? |
|---|---|---|---|---|---|---|
| 1 | WOHNEN- Eine Heimunterbringung ist nicht erforderlich. Selbstversorgung: Frau Benn hat die Hilfen zur Selbstversorgung angenommen. Sie wäscht sich, benutzt die Toilette, kleidet sich angemessen und ernährt sich regelmäßig. Sie sorgt für ihre eigene Gesundheit, bekommt vom Pflegedienst die Medikamente und nimmt sie bereitwillig ein. Notwendige Arztbesuche wurden durchgeführt, einer Verschlechterung ihres Gesundheitszustandes ist vorgebeugt. | 31.01.10 | 1 | Auflösung der bisherigen Wohnung, Organisation und Begleitung des Umzugs | gesetzlicher Betreuer Herr Gerken in Kooperation mit dem Dienst des Betreuten Wohnens | |
| | | | | Selbstversorgung - sich waschen: zweimal wöchentliches Begleiten und Assistenz beim Duschen | | |
| | | | | Die Toilette benutzen: regelmäßiges Auffordern, das WC zu benutzen | | |
| | | | | Sich kleiden: Unterstützung bei der Auswahl der Kleidung und zeitweise Hilfe beim Ankleiden | | |
| | | | | Essen: Beratung zur gesunden Ernährung und der geeigneten Auswahl der Lebensmittel - in der Folge anleiten und nachfragen | Bezugsbetreuung des SPZ (Bb des SPZ) | Im Wohnraum der Betreuten |
| | | | | Auf seine Gesundheit achten: Organisation und Sicherstellung der medizinischen Versorgung, Bereitstellen und Dosieren der Medikamente | | |
| | | | | Vergabe der Medikamente | Pflegedienst | |
| | | | | Begleitung zum Arzt und Hilfe zur Infektionsprophylaxe Hilfen zur Gesundheitsförderung und Erhaltung: Förderung der körperlichen Beweglichkeit und Mobilität, Beobachtung der Vitalfunktionen, Hilfe zur Infektionsprophylaxe | Bezugsbetreuung des SPZ (Bb des SPZ) | |

Individuelle Hilfeplanung des LVR — Planung —
AZ: 72.00 - 000 000/0

# Methodische Schritte: Lassen Sie sich über die Arbeitsmaterialien führen

**TIPP**

Es ist hilfreich den Gesprächsleitfaden (Arbeitsmaterial 1), den Übersichtsbogen und die Checklisten zu den Lebensbereichen (Arbeitsmaterialien 2.1 bis 2.6) auszudrucken und sie für die weitere Lektüre zu nutzen.

Ein wesentliches Problem der Hilfepläne besteht darin, dass sich die Methodik nicht einfach aus dem Formular erschließt, ableiten und verstehen lässt. Der als Arbeitsmaterial 1 vorgestellte Gesprächsleitfaden ist aus der Praxis entstanden und bietet bei der Hilfeplanung Orientierung. In ihm werden die bisher beschriebenen Grundsätze und methodischen Schritte der Hilfeplanung berücksichtigt. Von besonderer Bedeutung ist die Reihenfolge der Fragen. Warum das so ist, wird bei den empfohlenen Schritten erklärt.

## Richten Sie Ihre Fragen auf die Zukunft aus

Grundsätzlich richtet sich Hilfeplanung an Menschen, die aufgrund von Problemen Hilfen benötigen. Aus methodisch fachlichen Gründen ist es allerdings sinnvoll, das Gespräch nicht mit dem Erfragen von Defiziten und Schwierigkeiten zu beginnen. Denn wenn man Problemen, Defiziten, negativen Erfahrungen und Erlebnissen zu viel Aufmerksamkeit widmet, wird damit häufig eine Art Abwärtsspirale eingeleitet. Ressourcen und Fähigkeiten geraten dabei schnell aus dem Blick bzw. ist es nur schwer möglich, diese anschließend zu erfragen. Hilfreicher ist es, am Anfang den Blick auf die Zukunft zu richten, sich mit Wünschen und Zielen zu beschäftigen. Denn es geht auch darum, zu vermitteln, dass positive Veränderungen und die Entwicklung einer Zukunftsperspektive möglich sind.

Denn die Aussicht auf positive Veränderung ist wesentlich motivierender, als sich hauptsächlich mit der Vergangenheit zu beschäftigen. Daher richten sich die folgenden Fragen auf die Wünsche und Ziele in den jeweiligen Lebensbereichen (Wohnen, Arbeit und Beschäftigung, Freizeit und kulturelles Leben, soziale Beziehungen, gesunde Lebensführung und Störungen und Beeinträchtigungen). Das, was die Menschen zu den Lebensbereichen unternehmen, prägt ihre Tages- und Wochengestaltung. Es ist hilfreich, sich dazu Notizen zu machen.

**TIPP**

Machen Sie sich Notizen auf dem Übersichtsbogen (Arbeitsmaterial 2.1).

Nutzen Sie den Gesprächsleitfaden (Arbeitsmaterial 1) und notieren Sie die Antworten der Menschen mit Hilfebedarf auf den Übersichtsbogen und/oder den Checklisten zu den Lebensbereichen (Arbeitsmaterialien 2.1 bis 2.6), um sie später in den Hilfeplan zu übertragen. Achten Sie darauf, dass es sich tatsächlich um Ziele und Wünsche handelt. Denn häufig beschreiben Menschen mit Hilfebedarf ihre derzeitige Situation und sind wenig darin geübt, Wünsche und Ziele zu formulieren. Sie sind jedoch wesentlich für die Motivation, um vereinbarte Hilfe umzusetzen. Die Aufgabe für die professionellen Helfer besteht darin, sie in den Hilfeplangesprächen gemeinsam mit den Menschen mit Hilfebedarf herauszuarbeiten.

**BEISPIEL** Frau Benn war zunächst überrascht, dass sie in einer Situation, in der sie augenscheinlich von Problemen nahezu überwältigt wurde, befragt wurde, wie sie sich ihre Zukunft vorstellt. Sie begegnete den Fragen sehr skeptisch, antwortete eher gleichgültig, entwickelte aber zusehends Interesse am Gespräch. Mit der Vorstellung der zukünftigen Veränderung stieg ihre Motivation. ✖

 **Risiken und Nebenwirkungen**
Professionelle Helfer haben manchmal Bedenken, die Menschen mit Hilfebedarf zu sehr zum Äußern ihrer Wünsche und Bedürfnisse einzuladen. Es wird befürchtet, damit zu viel Hoffnung und Illusionen zu wecken, weil manche Wünsche unrealistisch erscheinen und die Gefahr besteht, Enttäuschungen zu bereiten. Die Praxis zeigt jedoch, dass sich selbst aus unrealistischen Wünschen neue Handlungsmöglichkeiten ergeben können.

**Fazit**
Die Hilfeplanung von Beginn an auf die Zukunft, auf Ziele und Wünsche auszurichten, verlagert den Fokus der Aufmerksamkeit auf Zuversicht für neue Lösungen.

## Erfragen Sie die gegenwärtige Situation und wer bereits hilft

Für die Entwicklung der Hilfen ist es notwendig, herauszufinden, wie die gegenwärtige Lebenssituation des Menschen mit Hilfebedarf ist. Dafür sind Informationen zu allen Lebensbereichen notwendig. Es muss in Erfahrung gebracht werden, wie er derzeit für sich sorgt, wie er lebt, ob er Hilfen nutzt, was gut läuft, auf wen und was er sich verlassen kann.
Bitte beachten Sie dabei, ob der Mensch mit Hilfebedarf bereits Hilfe bekommt und ob er sie weiterhin möchte. Das Arbeitsmaterial 2.8 listet viele Faktoren auf (z. B. Produkte und Technologien, unterstüt-

**DOKUMENTATION**

Die notwendigen Angaben zur gegenwärtigen Situation und welche Hilfen bereits bestehen werden in den Hilfeplänen als solche benannt. Im Hilfeplan von Frau Benn auf der CD finden Sie entsprechende Angaben unter Punkt II »Wie und wo ich jetzt lebe«.

zende Beziehungen, Dienste), die für die Einschätzung Berücksichtigung finden können.

Zur Beurteilung, ob diese Faktoren förderlich oder hinderlich sind, wird das Arbeitsmaterial 2.10 (Skala zur Einschätzung der Umweltfaktoren als Förderfaktor oder Barriere) empfohlen. Hat man in Erfahrung gebracht und notiert, welche Hilfen bereits in Anspruch genommen werden, lassen sich weitere Hilfen passgenauer entwickeln und Veränderungswünsche verstehen.

Unter Verwendung des Gesprächsleitfadens (Arbeitsmaterial 1) machen Sie sich dazu Notizen auf dem Übersichtsbogen (Arbeitsmaterial 2.1) und den Checklisten (Arbeitsmaterial 2.2 bis 2.6).

**BEISPIEL**    Nicht ohne Stolz berichtete Thomas Richter über das, was er bereits in der Lage ist, selbstständig zu machen. Über die Hilfen, die er bereits bekommt, gab es unterschiedliche Sichtweisen. Durch eine behutsame Gesprächsführung war es aber möglich, die Sichtweise seiner Mutter und seine eigene zu benennen und nebeneinander stehen zu lassen. Er war damit einverstanden, die alltäglichen Dinge des Lebens nach seinem Auszug mit Unterstützung der Mitarbeiter des betreuten Wohnens fortzusetzen. Die Hilfe seiner Mutter im Haushalt wollte er nicht annehmen.

Im Hilfeplan wird aufgenommen, dass er Probleme bei der Bewältigung des Haushaltes hat (Problem mäßig ausgeprägt), seine Mutter ihn unterstützen würde (Förderfaktor ziemlich ausgeprägt), er aber auf ihre Förderung verzichtet. Stattdessen akzeptiert er die Aufforderung und Anleitung des ihn aufsuchenden Dienstes (Förderfaktor hoch ausgeprägt). Er erhofft sich damit mehr Eigenständigkeit und Unabhängigkeit von der Mutter (persönliches, attraktives Ziel mit hoher Motivation). ✖

## Risiken und Nebenwirkungen

Wenn Einrichtungen und Dienste die Gestaltung der Hilfen übernehmen, kann das Angehörige, Freunde oder andere Menschen abschrecken, ihre Unterstützung fortzusetzen, obwohl das vielleicht sehr hilfreich war. Menschen neigen dazu, ihre Verantwortung »an der Tür« abzugeben, wenn eine Institution ins Spiel kommt. Es besteht die Tendenz, das, was bereits ist und getan wurde, dann weniger wertzuschätzen. Achten Sie darauf, ein möglichst exaktes Bild der Lebenssituation und deren Umstände zu ermitteln.

**Fazit**

Wo es bereits gut läuft, sind weitere Hilfen nicht unbedingt notwendig. Bestehende Ressourcen können Sicherheit und Normalität gewährleisten.

## Erfragen Sie Probleme der Lebensführung und ihre bisherigen Lösungsversuche

Die Beschäftigung mit Problemen steht bewusst erst an dieser Stelle. Denn wenn Sie der Methodik der Gesprächsleitfäden folgen, werden Sie feststellen, dass es einfacher ist, über Probleme zu sprechen, wenn zuvor Ziele, Wünsche und die gegenwärtige Lebenssituation thematisiert wurden. Mit der einfachen Frage »Was läuft zurzeit nicht so gut?« ermöglichen Sie es den Menschen mit Hilfebedarf und anderen wichtigen Personen, von sich aus zu sagen, welche Probleme es gibt.

Die Gespräche werden intensiver, wenn es um Probleme geht. Wichtig – und in Hilfeplänen nicht immer besonders hervorgehoben – sind deswegen solche Fragen, die sich mit der Lösung von Problemen beschäftigen. Durch die Ausrichtung auf Lösungen ist es in der Regel einfacher herauszufinden, welche Probleme daran hindern, Ziele, Wünsche und Bedürfnisse zu verwirklichen.

In Hilfeplänen wird in der Regel nach vorrangigen Problemen gefragt. Dabei handelt es sich häufig um Probleme, die sich auf alle Lebensbereiche auswirken. Es empfiehlt sich, das wesentliche Problem ausführlich zu beschreiben, um Auswirkungen auf und Hilfen für andere Lebensbereiche besser formulieren zu können.

Fragt man Menschen mit Hilfebedarf direkt nach Problemen, kann es sein, dass sie nicht bereit oder in der Lage sind, darüber Auskunft zu geben. Häufig können dann andere Beteiligte mit Einverständnis des Betroffenen das Problem besser beschreiben. In der Regel werden Störungen, Beeinträchtigungen oder Probleme in Diagnosen gefasst. Solche Diagnosen sind für manche hilfreich und nicht selten verwenden die Betroffenen bei der Problembeschreibung die gestellte Diagnose. Diagnosen sind allerdings eher als grobe Orientierung zu verstehen und nicht als Festschreibung eines Zustandes. Sie beziehen sich auf einen Lebensausschnitt, müssen nicht für immer gelten und verhindern nicht Entwicklung und Veränderung.

**DOKUMENTATION**

Die notwendigen Angaben zu Problemen werden in den Hilfeplänen als solche benannt. Im Hilfeplan von Frau Benn auf der CD finden Sie entsprechende Angaben unter Punkt V »Was ich nicht so gut oder gar nicht kann« und VI »Wer oder was mich daran hindert, so zu leben, wie ich will«.

**TIPP**

Probleme und Krisen sollten individuell und mit den Worten des Menschen mit Hilfebedarf oder ihm nahe stehenden Personen im Hilfeplan formuliert werden.

**BEISPIEL**   So stolz Thomas Richter über das sprach, was er gut kann, so unangenehm war es für ihn, offen über Probleme zu sprechen. Er findet alles bestens und sieht Probleme darin, dass er nicht immer das durfte, was ihm gerade in den Sinn kam. Insbesondere andere Menschen sind nach seiner Überzeugung das Problem. Er war damit einverstanden, dass seine Betreuer über seine Probleme berichten durften. Sie sprachen von Stimmungsschwankungen, er sei manchmal unaufmerksam und zerstreut. Sie vermuteten, dass er empfindlicher als andere auf Veränderungen des Umfelds reagieren würde und daher leicht erregbar sei. Wenn sie ihm in einer solchen angespannten Situation in aller Ruhe erklären würden, was gerade um ihn herum passiert, ließ er sich beruhigen. Man müsse aber dazu die Werkhalle oder den Gruppenraum verlassen, ansonsten könne er ihre Aufmerksamkeit nicht teilen und die Erregung würde steigen. Seine Mutter erzählte, dass er früher in solchen Stresssituationen in sein Zimmer gegangen sei und es hätte lange gedauert, bis er wieder rausgekommen wäre. **✕**

### ✋ Risiken und Nebenwirkungen

Über Probleme zu sprechen, ist für alle Menschen unangenehm, insbesondere in einem größeren Kreis mit unbekannten Menschen. Aus dem Umfeld der Probleme entstehen häufig Konflikte. Gespräche darüber können Wut, Ärger, Traurigkeit, Verzweiflung oder Resignation auslösen.

### Fazit

Eine auf Deeskalation ausgerichtete Grundhaltung und die Möglichkeit eines angstfreien offenen Austauschs ermöglicht es, dass Probleme genauer und offener benannt werden können, und erhöhen die Chance für Lösungen.

## Finden Sie Fähigkeiten heraus und würdigen Sie diese

Jeder Mensch, ganz gleich unter welchen Störungen und Beeinträchtigungen er sein Leben gestaltet, verfügt über persönliche Fähigkeiten und Qualitäten. Ziel von individueller Hilfeplanung ist es, diese beizubehalten und zu entwickeln, den Menschen dabei zu unterstützen und zu fördern, sein Leben möglichst selbstständig zu meistern. In allen Hilfeplänen werden den Fähigkeiten und Stärken deswegen ausführlich Raum für die Dokumentation eingeräumt und in der Regel den einzelnen Lebensbereichen zugeordnet.

Man kann darüber streiten, ob man sich vor den Problemen mit den Fähigkeiten beschäftigen soll. Ein Hilfeplangespräch gewinnt in der Regel an Intensität und ist belastender, wenn es um Probleme geht. Die Benennung der Fähigkeiten, nachdem die Probleme benannt wurden, erinnert den Menschen mit Hilfebedarf an seine Stärken und Fähigkeiten, die er zur Bewältigung von Problemen einbringen kann.

Mit den Fragen nach Fähigkeiten erhalten professionelle Helfer nicht nur wichtige Informationen, sondern haben auch eine gute Möglichkeit, dem Menschen mit Hilfebedarf besondere Würdigung entgegen zu bringen. Denn über Wertschätzung erfährt man in besonderer Weise emotionale Zuwendung. Würdigung stärkt das Selbstwertgefühl, das Selbstvertrauen und erhöht die Motivation Hilfen anzunehmen.

Auch dabei gilt: Nicht alle Menschen mit Hilfebedarf können ihr Stärken und Fähigkeiten selber zutreffend benennen. Es kann durchaus geschehen, dass es der eine oder andere Mensch mit Hilfebedarf noch nie erlebt, dass seine Fähigkeiten gewürdigt wurden. In der Kommunikation in der Familie kann es tabu gewesen sein, offen über Persönliches zu sprechen. Alle Beteiligten sind Mitglied eines Systems, verändert sich ein Mitglied, reagieren auch alle anderen. Deswegen ist es hilfreich, ggf. weitere Menschen aus dem Umfeld dabei einzubeziehen.

Wie Sie den Fragen aus dem Gesprächsleitfaden entnehmen können, wird nach den Dingen gefragt, bei denen der Mensch mit Hilfebedarf seine Stärken sieht und woran er besonderes Interesse hat. Über die Beteiligung der relevanten Personen erhält er eine Rückmeldung über seine Fähigkeiten und Stärken.

**BEISPIEL**   Thomas Richter berichtete im Hilfeplan darüber, dass er einige Hausarbeiten bereits selber machen kann: »Mein Zimmer mach ich selber. Spülen kann ich gut und jedenfalls schon aufräumen. Geschirr in den Schrank tun und Spülmaschine einräumen. Ich kann auch Küche putzen. Badezimmer habe ich auch schon gemacht. Auch die Treppe putzen. In meinem Zimmer tu ich meistens auch Staubputzen.« Die Teilnehmer der Hilfeplankonferenz drücken ihre Anerkennung darüber aus. Seine Betreuerin berichtet, dass er sehr freundlich und stets hilfsbereit ist und seine Mutter stolz darauf ist, dass er selbstständiger werden möchte, auch wenn es ihr schwerfällt, ihn loszulassen. **✗**

**DOKUMENTATION**

In den Hilfeplänen werden die Fähigkeiten oder Ressourcen an den unterschiedlichsten Stellen erfragt und den jeweiligen Lebensbereichen zugeordnet. Im Hilfeplan von Frau Benn auf der CD finden Sie entsprechende Angaben unter Punkt III »Was ich ohne große Probleme machen kann« und VII »Was weiter wichtig ist«.

**TIPP**

Wenn aktuell Probleme im Vordergrund stehen, empfiehlt es sich, nach Fähigkeiten und Stärken zu fragen. Sind keine Menschen aus dem Umfeld anwesend, kann auch gefragt werden, was zum Beispiel der Vater über seine besonderen Fähigkeiten sagen würde, wenn er anwesend wäre. Um die Vorstellungskraft zu unterstützen, kann ein leerer Stuhl bereitgestellt werden und die Beteiligten können eingeladen werden, anstelle der abwesenden Person dort zu sitzen.

**Risiken und Nebenwirkungen**

Viele Menschen tun sich schwer, Lob und Anerkennung zu vermitteln, manche sich noch schwerer sie anzunehmen. Professionelle Helfer neigen dazu, den Problemen mehr Aufmerksamkeit zu schenken, sehen in ihrer Lösung ihre Aufgabe und neigen dazu, auch Fähigkeiten als Problem zu beschreiben.

**Fazit**

Individuelle Hilfeplanung sollte sich darauf konzentrieren, Fähigkeiten und Stärken herauszufinden und zu beschreiben.

## Bringen Sie die Ziele in Erfahrung und benennen Sie diese so konkret wie möglich

Zu Beginn der Hilfeplanung ist der Mensch eingeladen und wird unterstützt, seine persönlichen Wünsche und Ziele zum Ausdruck zu bringen. Nicht selten können diese Ziele großen Wunschvorstellungen näher sein, illusorisch anmuten und schwer realisierbar erscheinen. In Ihnen verbirgt sich aber die persönliche Motivation, die eigene Vision, das individuelle Interesse. Sie sind daher von besonderer Bedeutung.

Der Prozess der Hilfeplanung gewinnt aber an Klarheit, wenn Ziele so konkret wie möglich, nachvollziehbar und realistisch zum Ausdruck kommen. Um diesen Prozess der Zielsetzung anschaulicher zu verdeutlichen, wird oft die Anwendung der SMART-Kriterien empfohlen: Damit ist gemeint, sich über das Kürzel daran zu erinnern, dass die konkreten Ziele wie folgt verstanden werden können:

**S** für spezifisch: Darunter versteht man, die Ziele konkret, klar, präzise und eindeutig definiert schriftlich festzuhalten.

**M** für messbar: Die Ziele sollten so formuliert werden, dass man sie überprüfen kann.

**A** für aktuell und attraktiv: Das Ziel sollte für den betreffenden Menschen akzeptabel, attraktiv und deshalb motivierend sein.

**R** für realistisch: Die Ziele sollten sich auf die Wirklichkeit beziehen, Teilziele heruntergebrochen und Schritt für Schritt benannt werden.

**T** für Terminiert: Die Ziele sollten »Stationen des Weges« bezeichnen, also Zeiträume, in denen etwas erreicht werden kann und sollte.

Für die Betroffenen ist diese Sichtweise oft ungewohnt und neu. Wie schwer es sein kann, Ziele für das eigene Leben zu formulieren, erfahren wir zum Beispiel dann, wenn wir uns selbst einmal nach unseren eigenen Zielen in unserem Leben befragen. Für den Menschen mit Hilfebedarf ist das nicht anders. Er benötigt daher in der Regel Unterstützung, behutsame Erklärungen und Vergleiche. In Zielen kann sich der Wunsch nach Veränderung, Verbesserung, Linderung oder Heilung Ausdruck verschaffen, es kann aber auch ein Ziel sein, Bestehendes bewahren zu wollen.

Mit dem Benennen von Zielen soll deutlich werden, was mit welchen Hilfen erreicht werden soll. Leitfragen sind dabei: Wohin sollen die Hilfen führen? Was soll erreicht werden? Dabei kann es hilfreich sein, zwischen lang-, mittel- und kurzfristigen Zielen zu unterscheiden. Ist der Mensch mit Hilfebedarf in der Lage, seinen Wünschen Ausdruck zu verleihen, geschieht es nicht selten, dass die benannten Ziele illusorisch anmuten. Auch wenn dem so ist, gilt es grundsätzlich, dass die persönlichen Ziele dokumentiert werden sollen, auch wenn sie wenig nachvollziehbar und unrealistisch erscheinen. Die Auseinandersetzung darüber kann Teil des Hilfebedarfs sein und sollte mit einer positiven Haltung und in einem angenehmen Klima stattfinden.

**BEISPIEL**   Thomas Richter fiel es leicht, Ziele zu benennen: »Ich will eine eigene Wohnung haben. Wenn ich Probleme mit dem Waschen habe, es geht um die Maschine, wie man waschen kann, das will ich lernen. Frau Berger (Betreuerin) soll mir das lernen. Ich bin 26. Ist Zeit, dass ich von zu Hause rauskomme. Muss selber entscheiden, was ich tue.« Diese Ziele geben seine ganz persönliche Sichtweise wieder, die fachlich kommentiert, und durch weitere konkrete Ziele ergänzt wurden.  ✖

### 🖐 Risiken und Nebenwirkungen

Den Menschen mit Hilfebedarf kann das Formulieren von Zielen schwerfallen. Manchmal setzen die Beteiligten den Betroffenen und sich selbst mit unrealistischen oder zu hohen Zielen unter Zeit- und Leistungsdruck. Die Messbarkeit und Realisierbarkeit von Zielen kann zu kontroversen Debatten unter den Beteiligten führen: Wie lange darf es dauern, bis ein Ziel erreicht ist?

### Fazit

Die Arbeit mit Zielen ist eine effiziente und sinnvolle Methode, wenn sie vom Menschen mit Hilfebedarf verstanden und getragen wird, und seinen Möglichkeiten entsprechen.

**DOKUMENTATION**

In den Hilfeplänen werden die Ziele in der Regel an erster Stelle erfragt und den Lebensbereichen zugeordnet. Häufig handelt es sich um allgemeine und größere Ziele. Im Gespräch wird darauf Bezug genommen, um daraus konkrete Ziele abzuleiten. Die notwendigen Angaben werden in den Hilfeplänen unterschiedlich benannt. Im Hilfeplan von Frau Benn auf der CD finden Sie entsprechende Angaben unter Punkt I »Angestrebte Wohn- und Lebensform vom betroffenen Menschen selbst formuliert«. Unter den Punkten VIII »Was sollte zuletzt konkret erreicht werden« und X »Was soll zukünftig konkret erreicht werden« sollen die Ziele konkret benannt werden.

## Ermitteln Sie den Hilfebedarf, vereinbaren Sie Hilfemaßnahmen und benennen Sie den Zeitaufwand

**DOKUMENTATION**

Die Angaben für den Zeitaufwand werden in den Hilfeplänen nachgefragt und häufig den Lebensbereichen zugeordnet.

Wir haben uns mit Zielen, Wünschen und Erwartungen beschäftigt, haben gefragt, wie jemand mit seiner gegenwärtigen Situation zurechtkommt, und herausgefunden, worin die vorrangigen Probleme bestehen. Wir haben Fähigkeiten gewürdigt und Ziele vereinbart. Mit diesem Wissen geht es nun darum, die konkreten Hilfemaßnahmen zu planen, was also getan werden muss, damit die Ziele erreicht werden können.

Die Ermittlung des Hilfebedarfs kann unterschiedlich verlaufen. Zum Beispiel können Menschen mit einer Körperbehinderung oft leichter und genauer benennen, worin ihr Hilfebedarf besteht, was sie von wem erwarten und benötigen. Bei Menschen mit einer geistigen Behinderung, einer Suchterkrankung oder psychischen Erkrankung, bedarf es in der Regel individueller Beschreibungen mit auf die Personen abgestimmten Haltungen. Dabei entstehen nur in Ausnahmen vergleichbare Richtwerte für bestimmte Hilfeangebote.

Aus dem Hilfebedarf ergeben sich die Hilfemaßnahmen und damit die aufzuwendende Zeit, die im Rheinland und in Westfalen Lippe in Form von Fachleistungsstunden dotiert werden. Sie sind die Grundlage für die Finanzierung der Hilfen. Die für die Durchführung der Hilfemaßnahmen notwendige Zeit ist abhängig von der Qualität der Betreuungsbeziehung und der Eigenzeit des Betroffenen. Die Zeiten sollten daher individuell beschrieben werden.

Der Zeitaufwand ist von so vielen Faktoren abhängig, dass eine Standardisierung unmöglich ist. Um das Vorgehen im Detail besser verstehen zu können, sollten die Zeiten so konkret wie möglich angegeben werden, Zusammenfassungen und Pauschalen sind zu vermeiden.

Manchmal möchte jemand, der in bestimmten Lebensbereichen unter Störungen, Beeinträchtigungen oder Behinderungen leidet, keine Hilfe. Er erlebt seine Störung oder Beeinträchtigung nicht als solche. Der persönliche Umgang damit kann als Lebensstil, Charakter, Eigenheit und Besonderheit erlebt und gelebt werden. Wenn diese Besonderheiten das selbstständige Leben zwar beeinflussen, aber nicht erheblich beeinträchtigen, können auch aus professioneller Sicht Hilfen nicht notwendig sein. Beratung bedeutet in diesem Falle, das Problem mit dem behutsamen und vorsichtigen Angebot der Unterstützung zu benennen. Die vorrangige Haltung wäre Akzeptanz.

**BEISPIEL**  Die notwendige Zeit für die Einzelmaßnahmen in den einzelnen Lebensbereichen von Frau Benn wurde in Minutenwerten auf die Woche bezogen geschätzt: 20 Minuten, um über ihr Verhalten, ihren Kontakt zu und ihre Kommunikation mit anderen Menschen zu sprechen, 70 Minuten, um sich mit ihrer gesundheitlichen Situation zu beschäftigen und 30 Minuten, um ihren Kontakt zu ihrem delinquenten Lebenspartner zu reflektieren. Für die Begleitung zu Einkäufen wurden 60 Minuten im Hilfeplan festgelegt. ✖

Die Exaktheit des Hilfebedarfs und die Planung der Hilfemaßnahmen sind wesentlich davon abhängig, inwieweit die vorangegangenen methodischen Schritte (Ziele, Problemerfragung, Fähigkeiten herausfinden) umgesetzt wurden.

### 🖐 Risiken und Nebenwirkungen

Eine institutionelle Sichtweise kann dazu führen, dass sich die Hilfemaßnahmen am Angebot der Einrichtung orientieren und nicht am Wunsch des Betroffenen. Vorrangig wirtschaftliche Interessen können die Einrichtungen und Dienste dazu verleiten, möglichst viele Fachleistungsstunden zu erzielen.
Der Hilfebedarf ist häufig geschätzt, wird aber nicht selten als »bare Münze« verhandelt. Der über die Hilfeplanung ermittelte Bedarf kann durchaus umfangreicher sein, als das ihn die an der Hilfeplanung Beteiligten beantworten könnten.

**Fazit**
Der Zeitumfang vergleichbarer Hilfemaßnahmen kann individuell unterschiedlich sein. Standardsätze für Hilfemaßnahmen sind nicht sinnvoll und gibt es deswegen nicht.

## Überprüfen Sie den Hilfeplanprozess regelmäßig

Die Bewilligung der Hilfemaßnahmen ist zeitlich befristet. Die Dauer der Bewilligung ist unter anderem von der Schwere der Beeinträchtigung abhängig. Für schwerst- und mehrfachbehinderte Menschen in Heimen können durchaus sehr langfristige Kostenzusagen möglich sein.
Unabhängig vom Bewilligungszeitraum ist es fachlich geboten, regelmäßig zu überprüfen, inwieweit sich die Ziele des Betroffenen verändert haben, welche Ziele erreicht worden sind, ob sich der Hilfebedarf verändert hat und ob und in welchem Umfange und in welcher Art der Fortgang der Hilfemaßnahmen notwendig ist. Dazu

**TIPP**
Erstellen Sie einen Wochenplan, nachdem Sie die Schätzung des Bedarfs an Fachleistungsstunden oder Zeitwerte anderer möglichen Hilfen unter Nutzung der Arbeitsmaterialien 2.1 – 2.6. vorgenommen haben.

**DOKUMENTATION**
Hilfen sind in der Regel befristet. Spätestens zum Ablauf dieser Frist steht die Überprüfung an. Die Angaben zu den Zeitenräumen finden Sie im Musterhilfeplan von Frau Benn auf der CD im Basisbogen »Für den Zeitraum von ...« und unter Punkt X »Bis wann?«

**TIPP**

Fachlich sinnvoll ist es, die Überprüfung der Hilfen individuell an den Fortschritten des Menschen mit Hilfebedarf zu orientieren.

sind individuell Termine zu vereinbaren, zum Beispiel alle drei Monate oder mindestens einmal im Jahr.

**BEISPIEL**    Thomas Richter war übereifrig und wollte jede Woche mit seiner Betreuerin über seinen Hilfeplan und seine Fortschritte sprechen. Frau Berger konnte ihn davon überzeugen, dass das nicht notwendig ist. Sie sprechen bei ihren wöchentlichen Treffen nur über konkrete Probleme und überprüfen den Hilfeplan alle drei Monate.
✗

 **Risiken und Nebenwirkungen**

Versäumt man Überprüfungstermine, können Hilfemaßnahmen zu Selbstläufern und zur Gewohnheit werden. Zu hohe Ansprüche an die Erreichung von Zielen kann Leistungsdruck auslösen, die Überprüfung als Kontrolle empfunden werden.

**Fazit**

Die Überprüfung der Hilfeplanung dient der Reflexion. Die Entwicklung des Menschen mit Hilfebedarf sollte gewürdigt und wertgeschätzt werden. Der Überprüfungstermin ist der Beginn für die Fortsetzung der Hilfeplanung. Er ist eine Weichenstellung für die weiter zu entwickelnde Hilfemaßnahmen, die auf das Erreichte aufbauen.

**TIPP**

Nutzen Sie nach der Verwendung des Gesprächsleitfadens (Arbeitsmaterial 1) für die ersten Hilfeplangespräche den Gesprächsleitfaden (Arbeitsmaterial 8) zur Fortsetzung der Hilfeplanung. Mit dem Fragebogen zur Zufriedenheit (Arbeitsmaterial 7) kann die Qualität der Hilfen im Gespräch mit dem Menschen mit Hilfebedarf und seinen Angehörigen überprüft werden.

## Etablieren Sie die Methoden

Die Überprüfung des Hilfeplans ist nicht das Ende des Hilfeplanprozesses, sondern eine Weichenstellung für die fortgesetzte Hilfegestaltung. Ab hier beginnt die Hilfeplanung methodisch von vorne. Im Rahmen der weiteren Hilfeplangespräche wird überprüft, ob sich Fähigkeiten und Wünsche verändert haben. In der Regel werden die Ziele konkreter, denn aus den gemeinsam gemachten Erfahrungen ergeben sich neue konkrete Handlungsmöglichkeiten.

**BEISPIEL**    Drei Monate nach der Festlegung des Hilfeplans traf sich die »Helferrunde« für Thomas Richter, um zu überprüfen, welche Hilfen umgesetzt und welche Ziele erreicht wurden und um weitere Hilfen zu planen. Von der guten Entwicklung seines selbstständigen Lebens waren alle überrascht und unterstützten ihn durch positive Rückmeldung. Einige der im ersten Hilfeplangespräch ermittelten Hilfen erwiesen sich schon nach drei Monaten als nicht mehr notwendig. Beispielsweise benötigte er für seine Körperpflege keine Hinweise mehr, und um seine Wäsche kümmert er sich regelmäßig.

Es wurden aber auch kritische Aspekte angesprochen, beispielsweise seine zeitweilige Verweigerungshaltung bei Haushaltsdingen oder die zweckentfremdete Verwendung seines Einkommens für CDs statt für Lebensmittel. Außerdem gab es Konflikte mit seiner Freundin. Nicht mehr notwendige Hilfen wurden im Hilfeplan gestrichen und neue vor allem im Umgang mit seiner Freundin vereinbart. **✕**

 **Risiken und Nebenwirkungen**

Ein Risiko liegt darin, erfolgreiche Hilfemaßnahmen weiterhin durchzuführen. Übermäßige Fürsorglichkeit kann aber die Entwicklung einschränken. Zufriedenheit mit Hilfen kann auch zu einer Anspruchshaltung führen. Bei einer zu großen Wahlmöglichkeit kann sich der Mensch mit Hilfebedarf eingeladen fühlen, den bequemeren Weg zu suchen. Zu den Aufgaben der Hilfeanbieter gehört es, solche Probleme anzusprechen.

**Fazit**

Etabliert man das methodische Vorgehen, bietet es Flexibilität bei der Gestaltung der Hilfen und dem Menschen mit Hilfebedarf Orientierung und Verlässlichkeit.

## Fragen Sie nach der persönlichen Geschichte und dem Umgang mit Krisen

Die individuelle Hilfeplanung richtet sich methodisch zunächst auf die Gestaltung der Hilfen in der Gegenwart und in der Zukunft aus. Insbesondere zu den Problemen werden Fragen zu bisherigen Erfahrungen und Problemlösungen gestellt. Fragen und Angaben zur Vergangenheit und den Krisen werden in den ersten Schritten zunächst bewusst vernachlässigt. Wichtige Erfahrungen sollen dabei nicht unberücksichtigt, sondern zunächst nur die Akzente verschoben werden. Sind die ersten Schritte unternommen und deutet sich eine verlässliche Betreuungsbeziehung an, gehören Fragen zur Bewältigung von Krisen und der Vergangenheit (Anamnese) in die regelmäßigen Hilfeplangespräche. Ziel sollte es dabei sein, auch Kränkungen oder negative Erfahrungen zu thematisieren, um daraus lernen zu können. Hilfreich dafür sind die Arbeitsmaterialien 4 (Krisenfragebogen) und 5 (Fragebogen zur persönlichen Geschichte). Dort sind Fragen zu finden, die einen wichtigen Beitrag zur Hilfeplanung liefern können.

**BEISPIEL**    Frau Benn war nur zögernd bereit, mit Frau Galbo über Probleme aus der Vergangenheit zu sprechen. Fragen dazu wich sie zunächst stets aus. Erst in den zu einem Ritual gewordenen Gesprächen in einem Café nach dem gemeinsamen Einkauf und bei der Beobachtung einer Blumenverkäuferin erzählte Frau Benn aus ihrem Leben. »Ich sollte auch Blumenverkäuferin werden. In der Lehre lief es aber schlecht. Mein Chef mochte mich nicht. Ständiger Streit, er hat mich rausgeschmissen. Mein Vater hat mich geschlagen, und ich bin abgehauen, getrampt, nach Amsterdam.« Frau Galbo stellte in der Folgezeit behutsam weitere Fragen. Nach und nach erfuhr sie wichtige Ereignisse und trug sie in den Bogen »bisherige Erfahrungen« des Hilfeplans ein. Frau Benn war damit einverstanden und konnte auch Einsicht nehmen. Frau Galbo nahm die Gespräche zum Anlass, Frau Benn zu empfehlen in der Folgezeit gezielter darüber zu sprechen, wie man gemeinsam besser mit Krisen umgehen könne. Frau Benn war sehr interessiert. Sie nahmen sich vor, in naher Zukunft mithilfe des Krisenfragebogens darüber zu sprechen.  **✕**

### ✋ Risiken und Nebenwirkungen

Legt man den Schwerpunkt auf Probleme in der Vergangenheit, kann es dazu kommen, dass man Defiziten zu viel Aufmerksamkeit schenkt und Fähigkeiten vernachlässigt. Krisen sind einschneidende Lebenserfahrungen. Es kann schwerfallen, darüber in Hilfeplangesprächen zu sprechen. Negative Gefühle können ausgelöst werden, weil man zu viel von sich preisgeben muss. Dies kann als schmerzlich oder peinlich erlebt werden, und es können Ängste vor unbekannten Konsequenzen entstehen.

### Fazit

Ziel des Erfassens anamnestischer Daten ist es, aus Erfahrungen für die Zukunft zu lernen und über Krisen sprechen zu können. Absprachen zum Umgang mit Krisen haben eine hohe Relevanz.

## Verfassen Sie den Hilfeplan und präsentieren sie ihn in der Hilfeplankonferenz

Wir haben uns über den Gesprächsleitfaden (Arbeitsmaterial 1) durch das Hilfeplangespräch führen lassen und die Ergebnisse in den Arbeitsmaterialien 2.1 bis 2.6 notiert. Dabei haben wir darauf geachtet, dass der Mensch mit Hilfebedarf selbst zu Wort kommt, seine individuellen Formulierungen berücksichtigt und aufgenommen werden. Diese Notizen sind die Grundlage für den Hilfeplan. Das

Arbeitsmaterial 2.7 »Skala zur Einschätzung der Leistungsfähigkeit und zum Schweregrad der Probleme« gibt uns dabei Anhaltspunkte, das Ausmaß der Leistungsfähigkeit und der Probleme zu beschreiben. Mithilfe des Arbeitsmaterials 2.8 Umweltfaktoren nach ICF und 2.9 »Personenbezogene Faktoren« werden wir daran erinnert, welche Umfeldfaktoren zu berücksichtigen sind. Bei ihrer Einschätzung hat uns das Arbeitsmaterial 2.10 »Skala zur Einschätzung der Umweltfaktoren als Förderfaktor oder Barriere« geholfen.

Die Arbeitsmaterialien sollen bei der fachlichen Einschätzung helfen und dazu beitragen, geeignete Formulierungen zu finden, um den Hilfebedarf plausibel darzustellen. Nun gilt es, die wesentlichen Elemente der Hilfeplanung kurz und bündig und in kompetenter Art und Weise der Hilfeplankonferenz zu präsentieren.

Der Begleitbogen (Arbeitsmaterial 6) enthält die zu erwartenden Fragen bei der ersten Vorstellung des Hilfeplans und das Arbeitsmaterial 8 die bei der Fortschreibung und Wiedervorlage in der Hilfeplankonferenz. Ihre Aufgabe ist es es, denjenigen, die den Hilfeplan vorstellen, Orientierung und ein gewisses Maß an Sicherheit zu vermitteln. Für die Teilnehmer der Hilfeplankonferenz kann er zur raschen Klärung von Fragen und zur Strukturierung der Berichterstattung dienen. Nach der Vorstellung des Hilfeplans bleibt Zeit, um Fragen zu beantworten.

**BEISPIEL** Frau Berger präsentierte den Hilfeplan für Thomas Richter. Sie war nervös und unsicher, ihn einem Gremium mit zwölf Teilnehmern vorzustellen. Die Orientierung am Begleitbogen half ihr über die Unsicherheit hinweg, und sie konnte damit die Notwendigkeit der Hilfen gut strukturiert vortragen. Herr Richter saß stolz neben ihr und antwortete nach ihrer Vorstellung selbstbewusst auf Fragen zu seinen Wünschen, Zielen und Problemen. ✕

### Risiken und Nebenwirkungen
Nicht für alle Hilfeplankonferenzen sind mit dem Begleitbogen alle Fragen beantwortet. Fragen insbesondere zu anamnestischen Daten sind zu erwarten.

### Fazit
Der Begleitbogen vermittelt Sicherheit. Es ist jedoch notwendig, sich über Besonderheiten der jeweiligen Hilfeplankonferenz zu informieren.

**TIPP**

Nutzen Sie den Begleitbogen für die Vorstellung des Hilfeplans, und notieren Sie die Antworten und Informationen zum Hilfeplan und die Fragen. Bieten Sie den Teilnehmern der Hilfeplankonferenz den Begleitbogen an und bitten Sie darum, ihn verwenden zu dürfen. Klären Sie, ob und inwieweit die empfohlenen Fragen aufgegriffen werden sollen und passen Sie diese ggf. an.

# Zusammenfassung des Praxisteils und Verwendung der Arbeitsmaterialien

## Vorbereitung der Hilfeplanung

- Klären Sie, wer die Federführung für die Hilfeplanung übernimmt.
- Benennen Sie denjenigen als Bezugsperson, der Betreuungskontinuität gewährleisten kann.
- Finden Sie heraus, welche Personen für den Menschen mit Hilfebedarf von Bedeutung sind: Wer sollte beteiligt werden? Wessen Sichtweise ist wichtig? Wer gehört dazu, wird aber vom Menschen mit Hilfebedarf nicht gewünscht?
- Bereiten Sie sich auf das Gespräch vor:
  - Benötigen Sie eine Moderation?
  - Wer schreibt mit?
  - Wie sorge ich für einen guten Gesprächsrahmen?
  - Welche Haltung benötige ich für eine gute Gesprächsführung?
  - Ist es hilfreich, den Gesprächsleitfäden (Arbeitsmaterial) zu nutzen?

## Durchführung der Hilfeplanung

- Lassen Sie sich methodisch durch die Reihenfolge der folgenden Fragen und Hinweise führen und/oder verwenden Sie den Gesprächsleitfaden Arbeitsmaterial 1.
- Nutzen Sie für Notizen den Übersichtsbogen und/oder die Checklisten zu den Lebensbereichen (Arbeitsmaterial 2.1 bis 2.6).
- Richten Sie die Fragen vorrangig auf die Zukunft aus. Fragen Sie nach Zielen und orientieren Sie die Hilfen daran.
- Erfragen Sie die gegenwärtige Lebenssituation, insbesondere auf welche Hilfe bereits zurückgegriffen wird.
- Beurteilen Sie den Einfluss der Umweltfaktoren als Förderfaktor oder Barriere anhand der ICF-Kriterien (Arbeitsmaterial 2.10).
- Erfragen Sie, welche Probleme beeinträchtigen, das Leben eigenständig zu führen und welche Umstände zu Krisen führen können. Bringen Sie bisherige Lösungsversuche in Erfahrung.
- Beurteilen Sie das Ausmaß der Leistungsfähigkeit und den Schweregrad der Probleme anhand der ICF-Kriterien (Arbeitsmaterial 2.7).

- Falls es die Situation erlaubt: Nutzen Sie zur fachlichen Einschätzung der Symptome, Probleme, Störungen und Beeinträchtigungen das Arbeitsmaterial 3, Therapeutisches Milieu.
- Ermitteln Sie genau die besonderen Fähigkeiten, schenken Sie ihnen hohe Aufmerksamkeit und Würdigung.
- Benennen, verhandeln und vereinbaren Sie gemeinsame Ziele.
- Beachten Sie die SMART-Kriterien bei der Benennung von Zielen.
- Ermitteln Sie den Hilfebedarf erst dann, wenn die bisher genannten methodischen Schritte gegangen wurden.
- Entwickeln, benennen, verhandeln und vereinbaren Sie auf dieser Grundlage die Hilfemaßnahmen.
- Ermitteln Sie die für die Umsetzung notwendige Zeit in Minuten pro Woche.
- Ziehen Sie die Meinung anderer wichtiger Menschen hinzu, und nutzten Sie dafür das Arbeitsmaterial 3, Therapeutisches Milieu.
- Überprüfen Sie den Hilfeplanprozess regelmäßig in gemeinsamen Hilfeplangesprächen unter Beteiligung aller wichtigen Personen.
- Legen Sie die Zeiten und Termine fest, und nutzen Sie diese für die Formulierung exakter Ziele und zur Verabredung der Hilfemaßnahmen.
- Machen Sie die Methodik der Hilfeplanung zum Konzept der gemeinsamen Betreuungs- und Beziehungsgestaltung.
- Ergänzen Sie die Hilfeplanung mit Fragen und Informationen zum Umgang mit Krisen (Arbeitsmaterial 4) und zur persönlichen Lebensgeschichte (Arbeitsmaterial 5).

## Verfassen des Hilfeplans

- Tragen Sie Informationen, Ergebnisse und fachliche Einschätzungen aus den Hilfeplangesprächen und den Arbeitsmaterialien in den in Ihrer Region verwendeten Hilfeplan ein. Nutzen Sie dafür die Orientierungshilfen aus den Checklisten zu den Lebensbereichen (Arbeitsmaterial 2.2 bis 2.10) und das Arbeitsmaterial 3, Therapeutisches Milieu. Sie können sich dabei an dem ausgefüllten Musterhilfeplan für Frau Benn (Arbeitsmaterial 12) orientieren.
- Nutzen Sie den Gesprächsleitfaden (Arbeitsmaterial 8) zur Fortschreibung des Hilfeplans und ggf. den Fragebogen zur Zufriedenheit (Arbeitsmaterial 7).

## Präsentation des Hilfeplans in der Hilfeplankonferenz

- Nutzen Sie für die Präsentation des Hilfeplans den Begleitbogen zur Vorstellung von Hilfeplänen (Arbeitsmaterial 6) und für die Fortschreibung der Hilfeplanung den Begleitbogen zur Fortschreibung des Hilfeplans (Arbeitsmaterial 8).

# Woran erkennt man eine gute Hilfeplanung?

Die Antwort auf diese Frage lässt sich aus der Chronologie der Kapitel und den vorgestellten Methoden und Wegen der Arbeitshilfe ableiten. Kurz gesagt: Wenn alle Beteiligten ihre Aufgaben erfüllen, ist davon auszugehen, dass eine gute Hilfeplanung auf dem Weg ist. Niemand ist jedoch in der Lage, alle Teile des Hilfenetzes auf die Erfüllung ihrer Aufgaben zu überprüfen. Sie erfolgt quasi in einer Aufgabenteilung aller an der Hilfeplanung Beteiligten und ist ihre gemeinsame Aufgabe. Nur aus der Summe ihrer Meinungen kann überprüft werden, ob die Hilfeplanung gut ist.

Für die Überprüfung der Hilfeplanung gibt es Kriterien, auf die alle Beteiligten achten sollten und solche, die für einzelne Beteiligte wichtig sind. Deswegen kommt es in den Arbeitsmaterialien 10 bis 11 zu Wiederholungen, wenn es um solche grundlegenden Kriterien geht. Als Übersicht folgen hier wichtige Kriterien für eine gute Hilfeplanung in Form von Fragen:

- Werden die Fähigkeiten und Ressourcen des Menschen mit Hilfebedarf ausreichend gewürdigt und berücksichtigt?
- Wurde geklärt, ob Hilfen aus dem sozialen Umfeld (Familie, Freunde) genutzt werden können?
- Wurden (mit dem Einverständnis des Menschen mit Hilfebedarf) wichtige Menschen aus seinem Umfeld am Hilfeplanprozess beteiligt?
- Wurde der Mensch mit Hilfebedarf und wurden Beteiligte aus seinem sozialen Umfeld über die Arbeit der Hilfeanbieter ausreichend informiert?
- Wurden sie eingeladen, sich an der Arbeit der Einrichtungen und Dienste zu beteiligen (Angehörigengruppe, Selbsthilfevereine, Bürgerhilfe, konzeptionelle Beteiligung etc.)?
- Wurden ambulante Hilfen vorrangig berücksichtigt?
- Wurde geprüft, ob das persönliche Budget in Anspruch genommen werden kann oder soll?
- Wurden nur die Daten erfasst, die für die (aktuelle) Hilfeplanung notwendig sind?

- Wurde der Mensch mit Hilfebedarf entsprechend seiner Möglichkeiten beteiligt?
- Ist erkennbar, wer an welchem Punkt die Federführung für die Hilfeplanung hat?
- Ist Betreuungskontinuität gewährleistet?
- Sind kurz- und langfristige Ziele gemeinsam ermittelt und festgelegt worden?
- Kommt der Betroffene mit eigenen Worten im Hilfeplan zu Wort und sind unterschiedliche Meinungen aus fachlicher Seite kenntlich gemacht worden?
- Ist die aktuelle Lebenssituation ausreichend und nachvollziehbar beschrieben?
- Sind die Probleme, Störungen und Beeinträchtigungen unter fachlichen Gesichtspunkten ermittelt worden und sind sie nachvollziehbar und individuell beschrieben?
- Wurde der Hilfebedarf individuell zutreffend ermittelt und werden nur Hilfen angeboten, die benötigt werden?
- Sind die Hilfen ausreichend, um eine selbstständige Lebensführung zu gewährleisten und motivieren sie, eigene Ressourcen zu (re)aktivieren?
- Gibt es Verabredungen, die Hilfen und den Hilfeplanprozess regelmäßig zu überprüfen?
- Ist sichergestellt, dass eine kritische Würdigung der Hilfemaßnahmen erfolgt, und wird die Zufriedenheit mit den Hilfen erfragt?
- Wurde das Hilfeplanverfahren (Hilfeplangespräch, Hilfeplankonferenz, Kostenträger, Selbstbeteiligung, Schweigepflicht, Datenschutz etc.) verständlich und nachvollziehbar erklärt?
- Wurden die Inhalte des Hilfeplans erklärt?
- Ist ausreichend deutlich gemacht worden, wie in Anspruch genommene Hilfe auch wieder losgelassen werden kann?

Für die Überprüfung durch die Menschen mit Hilfebedarf, seinen Angehörigen und für die Mitglieder von Hilfeplankonferenzen wurden die Arbeitsmaterialien 9 bis 11 (als PDF-Dateien auf der beiliegenden CD) erstellt. Sie sind eine Orientierung, um zu überprüfen, ob die individuelle Hilfeplanung gut und erfolgreich ist. Die Fragen sind Anregungen, mit deren Beantwortung überprüft werden kann, ob wesentliche Aspekte der individuellen Hilfeplanung aus der jeweiligen Sichtweise berücksichtigt werden.

# Literatur

Für viele Hilfepläne gibt es Manuale und Handreichungen. An dieser Stelle verzichten wir auf die Auflistung und verweisen auf die entsprechenden Hilfepläne (siehe Seite 19).

Aktion Psychisch Kranke: Der personenzentrierte Ansatz – Individuelle Hilfeplanung (IBRP), Psychiatrie-Verlag, Bonn 2005

ARMBRUSTER, Joachim u.a.: Kommunale Steuerung und Vernetzung in der Gemeindepsychiatrie, Psychiatrie-Verlag, Bonn 2006

BAUER, Hans-Joachim: Warum ich fühle, was du fühlst – Intuitive Kommunikation und das Geheimnis der Spiegelneurone, Hoffmann und Campe, Hamburg 2005

BAUER, Hans-Joachim: Das Prinzip Menschlichkeit – Warum wir von Natur aus kooperieren, Hoffmann und Campe, Hamburg 2006

BAUR, Fritz: Die Zukunft des Systems der Eingliederungshilfe, in: Landschaftsverband Rheinland (Hg.): Gemeinsam unterwegs zu unseren Zielen, Köln 2008

BOSSHARD, Marianne u.a.: Soziale Arbeit in der Psychiatrie, Psychiatrie-Verlag, 2. aktualisierte Auflage, Bonn 2010

CIOMPI, Luc: Affektlogik, Klett-Cotta Verlag, 5. Auflage, Stuttgart 1998

DÖRNER, Klaus: Die Wiedergewinnung des sozialen Raumes, in: Landschaftsverband Rheinland (Hg.): Gemeinsam unterwegs zu unseren Zielen, Köln 2008

DÖRNER, Klaus: Leben und Sterben, wo ich hingehöre, Paranus Verlag, Neumünster 2007

HEUSER, Klaus: Gemeinsam zum Erfolg verurteilt – die Zukunft der Eingliederungshilfe, in: Landschaftsverband Rheinland (Hg.): Gemeinsam unterwegs zu unseren Zielen, Köln 2008

HIDDING, Julia und STRUBE, Ella: Mein eigener Hilfeplan – Jetzt kann ich mitreden! (PDF-Datei): www.lebenshilfe.de/wDeutsch/aus_fachlicher_sicht/downloads/ForumOH2008Doku/AG5Sebastian.pdf

JANSEN-KAYSER, Klaus: Zwischen passgenauer Hilfe und Fachleistungsstunden: der Hilfeplan. In: BOSSHARD, Marianne u.a.

KASTL, Jörg Michael: Hannes K., die Stimmen und das Persönliche Budget. Soziobiografie einer Behinderung, Psychiatrie-Verlag, Bonn 2009

KONRAD, Michael u. a.: Dezentrale Heimversorgung in der Gemeindepsychiatrie, Psychiatrie-Verlag, Bonn 2006

Landschaftsverband Rheinland (Hg.): Leben wie es uns gefällt – selbstständiges Wohnen mit ambulanter Unterstützung im Rheinland, Köln 2007

Landschaftsverband Rheinland (Hg.): Gemeinsam unterwegs zu unseren Zielen – Fachtagung anlässlich der Verabschiedung von Herrn Klaus Heuser, Köln 2008

Ministerium für Arbeit, Soziales, Gesundheit, Familie und Frauen Rheinland-Pfalz: Hilfeplanung in einfacher Sprache (PDF-Datei): www.masgff.rlp.de/fileadmin/masgff/soziales/ Menschen_mit_Behinderungen/Verfahren_ IHP_ leichteSprache.pdf

OELSNER, Wolfgang: Das Rheinische in der Sozialverwaltung, in: Landschaftsverband Rheinland (Hg.): Gemeinsam unterwegs zu unseren Zielen, Köln 2008

ROTHENBURG, Eva-Maria: Das persönliche Budget – Eine Einführung in Grundlagen, Verfahren und Leistungserbringung, Juventa Verlag, Weinheim und München 2009

SCHLICHTE, Gertrud: Betreutes Wohnen – Hilfen zur Alltags-bewältigung, Psychiatrie-Verlag, Bonn 2006

SCHUNTERMANN, Michael F.: Einführung in die ICF. Grundkurs, Übungen, offene Fragen, Landsberg 2007

SCHWABE, Mathias: Methoden der Hilfeplanung. Zielentwicklung, Moderation und Aushandlung, IGFH-Eigenverlag, Frankfurt am Main 2008. 2. Auflage

WACKER, E.; WANSING, G.; SCHÄFERS, M.: Personenbezogene Unterstützung und Lebensqualität – Teilhabe mit einem persönlichen Budget, Deutscher Universitätsverlag, Wiesbaden 2005

# Internetadressen

Hilfeplanung in einfacher Sprache: **www.people1.de**

IBRP-Online: **www.ibrp-online.de**

Landeswohlfahrtsverband Hessen – Instrumente zur Hilfeplanung
im Verfahren Betreutes Wohnen:
**www.lwv-hessen.de/webcom/show_article.php/_c-395/_nr-3/i.html**

Landschaftsverband Rheinland (LVR) – Informationen zum
personenorientierten Hilfeplanverfahren beim LVR:
**www.lvr.de/soziales/wohnen_freizeit_behinderung/hilfeplanung/**

Landschaftsverband Westfalen-Lippe (LWL) – Informationen zum
personenorientierten Hilfeplanverfahren beim LWL:
**www.lwl.org/LWL/Soziales/Sozialhilfe/start/hilfeplanverfahren**

Nationale Kontakt- und Informationsstelle zur Anregung und
Unterstützung von Selbsthilfegruppen (NAKOS): **www.nakos.de**

Persönliches Budget: **www.budget.paritaet.org**

# Danksagungen

Ein besonderer Dank gilt den Menschen, die sich hinter den Fallbeispielen verbergen und all denen, für die sie stellvertretend stehen. Ich nehme die zwischenmenschlichen Austauschprozesse sehr ernst und kann mit Überzeugung sagen, dass ich über den Kontakt mit ihnen meine eigenen Fähigkeiten, mit anderen Menschen gute Kontakt- und Kommunikationswege zu finden, entwickeln durfte.

Allen Teilnehmern und Teilnehmerinnen meiner Schulungen zur individuellen Hilfeplanung möchte ich ebenfalls herzlich danken. Nicht nur ich habe meine Erfahrungen und mein Wissen zum Entwickeln eines geeigneten Umgangs mit der Hilfeplanung eingebracht. Oft gab es einen offenen, herzlichen und kollegialen Austausch, der immer wieder zur Verbesserung der Arbeitsmaterialen beigetragen hat. Mir sind die Teilnehmer der Fortbildungen als engagierte und aktive Menschen begegnet, die mit mir die personenzentrierte Sichtweise auf die individuelle Hilfeplanung bereit waren zu teilen. Auch wenn die Menschen mit Hilfebedarf im Vordergrund stehen: Ihnen sei diese Arbeitshilfe gewidmet. Die Schulungen haben mir Spaß gemacht.

Hätte ich gewusst, wie aufwendig die Niederschrift der Praxis zur Hilfeplanung ist, hätte ich den Versuch nicht unternommen. Dass ich durchgehalten habe, verdanke ich der freundlichen und fachkundigen Unterstützung des Redakteurs Ludwig Janssen und Karin Koch, die für mich im Verlag ansprechbar war.

Anregung und Unterstützung erhielt ich von folgenden Menschen, bei denen ich mich ebenfalls bedanken möchte: Ilse Eichenbrenner (Berlin), Dirk Felske (Bochum), Lothar Flemming (Köln), Petra Gromann (Fulda), Frithjof Helm (Köln), Klaus Jansen (Köln), Marion Locher (Berlin), Klaus Nagel (Kranenburg), Isolde Petereit (Berlin), Marion Psaar (Solingen), Gunda Twardon (Essen), Pina Schreiber (Solingen), Susanne Strohmenger (Mettmann), Sarah Wagenknecht (Solingen), Willem Wisselink (Velbert) und Karin Wichmann (Velbert).

# Der Autor

THOMAS SCHREIBER, 1960 in Solingen geboren, war von 1985 bis 2009 als Diplom-Sozialarbeiter beim Psychosozialen Trägerverein Solingen e.V. beschäftigt, seit 1990 als Wohnbereichsleiter und stellvertretender Vorsitzender.

Im April 2009 zog er nach Kranenburg im Kreis Kleve und gründete sein freiberufliches Unternehmen »mitschreibershilfe«. Sein Angebot umfasst überwiegend Tätigkeiten für Einrichtungen und Dienste der Eingliederungshilfe und des Gesundheitswesens, die er seit 2002 bereits nebenberuflich ausgeübt hat: Beratung und Moderation (fachlicher Rat bei Ratlosigkeit), Schulungen und Workshops (Themen: Individuelle Hilfeplanung, Gesundheitsmanagement) sowie Supervision (unter Einbezug von Körperarbeit).

Er ist darüber hinaus als selbstständiger Anbieter im Bereich der Hilfe zum selbstständigen Wohnen im Rahmen der Eingliederungshilfe für Menschen mit Behinderungen nach §§ 53, 54 SGB XII im Kreis Kleve tätig und arbeitet als Körperpsychotherapeut in einer Gemeinschaftspraxis in Nijmegen/NL.

Kontakt:
Thomas Schreiber, Telefon: 02826 999990
E-Mail: mitschreibershilfe@t-online.de
Internet: www.thomas-schreiber.eu

Hermann Mecklenburg, Joachim Storck
**Handbuch berufliche Integration und Rehabilitation**
Wie psychisch kranke Menschen
in Arbeit kommen und bleiben
2.aktualisierte Auflage, Bonn 2010
ISBN 978-3-88414-501-2
350 Seiten

## Wieder in Arbeit kommen

Das »Handbuch berufliche Integration und Rehabilitation« stellt in konzen-
trierter und strukturierter Form gängige und neue Wege in bezahlte Arbeit
für psychisch kranke Menschen vor. Dabei kann das Buch zum einen als
Leitfaden für Neueinsteiger im Bereich der beruflichen Rehabilitation dienen,
zum anderen wird es auch für erfahrene Experten durch die Darstellung
der Best-Practice-Beispiele und innovativen Modelle eine Bereicherung sein.
Übliche Rehabilitations-„Ketten" werden hier vermieden, stattdessen wird
gezeigt, wie Profis zusammen mit den Betroffenen herausfinden können,
was aktuell die beste, individuelle Möglichkeit darstellt, um in das Berufsleben
zurückkehren zu können oder überhaupt einen Einstieg zu finden.

»Beiden Herausgebern schulden wir großen Dank. Sie bereichern uns mit
einem sorgsam zusammengestellten Kompendium an Texten und Berichten,
die alle Aspekte des sozialpsychiatrischen Themas ›Arbeit und berufliche
Rehabilitation‹ vereinen. Für mich gehört das Buch in jede sozialpsychiatrische
Bibliothek!« *Joachim Speicher in Soziale Psychiatrie*

Dorothea Jäckel, Holger Hoffmann, Wolfgang Weig (Hg.)
**Praxisleitlinien Rehabilitation
für Menschen mit psychischen Störungen**
ISBN 978-3-88414-512-8
Neuerscheinung 2010
172 Seiten

## Orientierung im Rehabilitationsbereich

Die medizinischen, beruflichen und sozialen Rehabilitationsangebote für
psychisch kranke Menschen sind vielfältig und für Betroffene oft unübersichtlich
organisiert. Die Bundesarbeitsgemeinschaft Rehabilitation für psychisch kranke
Menschen (BAG RPK) hat deshalb die Entwicklung von Praxisleitlinien initiiert.
Orientiert an der Systematik der ICF sichtete eine Expertengruppe aus den
deutschsprachigen Ländern aktuelle Forschungsliteratur und Erkenntnisse aus
der Praxis.
Das Ergebnis umfasst die systematische Darstellung von rehabilitations-
wissenschaftlichen Grundlagen, das Vorgehen in der Diagnostik und Planung,
den Rehabilitationsprozess und die in Frage kommenden Interventionen
und Methoden. Die vorliegenden Praxisleitlinien bieten Orientierungs- und
Entscheidungshilfe im Sinne einer Best Practice für Fragestellungen im Feld
der Rehabilitation von Menschen mit psychischen Störungen und richten sich
gleichermaßen an Fachleute, Verantwortliche und Betroffene.

Jensen, Sadre-Chirazi-Stark, Hoffmann
**Diagnosenübergreifende Psychoedukation**
Ein Manual für Patienten-
und Angehörigengruppen
Psychosoziale Arbeitshilfen 26
ISBN 978-3-88414-469-5
190 Seiten
Die beiliegende CD enthält
die Unterlagen für alle 12 Sitzungen

Matthias Hammer
**SBT Stressbewältigungstraining
für psychisch kranke Menschen**
Ein Handbuch zur Moderation von Gruppen
Psychosoziale Arbeitshilfen 24
4. Auflage, Bonn 2010
ISBN 978-3-88414-403-9
176 Seiten
Inkl. CD mit Arbeitsblättern und
Audio-Anweisungen für die Progressive
Muskelentspannung.
die Unterlagen für alle 12 Sitzungen

Wolfgang Faulbaum-Decke, Christian Zechert (Hg.)
**Ambulant statt stationär**
ISBN 978-3-88414-505-0
174 Seiten geb.

Alle reden von »Integrierter Versorgung« – wir setzen sie um.
So etwa lässt sich die aktuelle Situation in der Gemeindepsychiatrie
umschreiben, die durch das Gesundheitsreformgesetz endlich die
gesetzliche Rückendeckung bekommt. Damit ist »Ambulant statt stationär«
sowie die bedürfnisangepasste Behandlung in greifbare Nähe gerückt.
Wie die gesetzlichen und organisatorischen Grundlagen der »Integrierten
Ver-sorgung« für die neuen Konzepte der Sozialpsychiatrie genutzt werden
können und welche Möglichkeiten sie für alle Beteiligten bietet, das
verdeutlichen die Beiträge dieses Buches. Sei es die Behandlung im
Zuhause des Patienten, Schaffung von Krisenpension und Rückzugsräumen,
ein verpflichtendes und bezahltes Fallmanagement, trialogische
Kooperation bei ambulanter Behandlung bis hin zur bezahlten Mitarbeit
von Psychiatrie-Erfahrenen und Angehörigen.
Für Praktiker der Gemeinde- und Sozialpsychiatrie sowie
Entscheidungsträger ist dieses Fachbuch ein unverzichtbarer Wegweiser
in die Zukunft einer neuen Versorgungspraxis.

## Reihe BASISWISSEN:

Die Basiswissen-Bücher bieten fundierte thematische Einführungen in psychiatrische Diagnosen und Berufsfelder. Sie geben einen schnellen und gezielten Überblick über den Umgang mit bestimmten Klientengruppen und die besonderen Herausforderungen des Arbeitsalltags. Daher ist die Reihe Basiswissen gut geeignet für Berufsanfänger, Quereinsteiger, aber auch für langjährig psychiatrisch Tätige, die ihr Wissen auf den neuesten Stand bringen möchten. Titel:

Thomas Bock: **Umgang mit psychotischen Patienten** | Burkhart Brückner: **Geschichte der Psychiatrie** | Astrid Delcamp: **Kontakt- und Begegnungsstätten für psychisch erkrankte Menschen** | Michael Eink, Horst Haltenhof: **Umgang mit suizidgefährdeten Menschen** | Asmus Finzen: **Medikamentenbehandlung bei psychischen Störungen** | Christiane Haerlin: **Berufliche Beratung psychisch Kranker** | Andreas Knuf: **Empowerment in der psychiatrischen Arbeit** | Malika Laabdallaoui, Ibrahim Rüschoff: **Umgang mit muslimischen Patienten** | Angela Mahnkopf: **Umgang mit depressiven Patienten** | Rolf Marschner: **Rechtliche Grundlagen für die Arbeit in psychiatrischen Einrichtungen** | Ewald Rahn: **Umgang mit Borderline-Patienten** | Hilde Schädle-Deininger: **Psychiatrische Pflege** | Cornelia Schaumburg: **Maßregelvollzug** | Gunda Schlichte: **Betreutes Wohnen** | Günther Schwarz: **Umgang mit demenzkranken Menschen** | Dirk R. Schwoon: **Umgang mit alkoholabhängigen Patienten** | Tilman Steinert: **Umgang mit Gewalt in der Psychiatrie**

Jeder Band ca. 144 Seiten
Mehr Informationen unter www.psychiatrie-verlag.de

Psychiatrie Verlag

Telefon 0228 72534-0, Fax 0228 72534-20,
E-Mail: verlag@psychiatrie.de, Internet: www.psychiatrie-verlag.de